这样说一定成交

国君◎编著

中国宇航出版社
·北京·

图书在版编目（CIP）数据

这样说一定成交／国君编著. -- 北京：中国宇航出版社，2012.11
ISBN 978-7-5159-0305-7

Ⅰ. ①这… Ⅱ. ①国… Ⅲ. ①销售学-口才学 Ⅳ. ①F713.3

中国版本图书馆 CIP 数据核字（2012）第 233853 号

策划编辑 董 琳　　封面设计 文道思
责任编辑 李 立　　责任校对 陈晓敏

出版发行 中国宇航出版社
社 址 北京市阜成路 8 号　　邮 编 100830
（010）68768548
网 址 www.caphbook.com
经 销 新华书店
发行部（010）68371900　　（010）88530478（传真）
（010）68768541　　（010）68767294（传真）
零售店 读者服务部　　北京宇航文苑
（010）68371105　　（010）62529336
承 印 北京嘉恒彩色印刷有限公司
版 次 2012 年 11 月第 1 版　　2012 年 11 月第 1 次印刷
规 格 787×960　　开 本 1/16
印 张 15　　字 数 181 千字
书 号 ISBN 978-7-5159-0305-7
定 价 29.80 元

前言

Preface

在当今社会，销售是一份很常见的工作，其中有人能够取得很好的业绩，有人却只能拿底薪。不管你是销售老手，还是新手，相信都有一个问题会缠绕着你，那就是：如何说，客户才会买。那么这本书告诉你，在销售中如何靠说话赢得订单。

首先，这里要搞清楚一个问题，那就是何为销售。也许你马上就可以回答：不就是卖东西嘛！很多人都会认同这个答案，但是这个答案并不是完全正确的。销售是卖东西，这一点不错，但是并不是单纯的“卖东西”，这中间还有很多学问。

小王和小李是同一家公司的销售人员，但是他们的业绩却相差甚远。其原因是小王口才好，会用不同的话术吸引客户的注意并得到他们的信任，而小李却拙于言辞，业绩迟迟上不去，情绪也日益低落。

有人说，销售就是耍嘴皮子的活儿，这话虽然有点偏激，但也有一定的道理。销售中若是没有言语的交流，那就不是销售；销售中若是言语使用不当，那就称不上是成功的销售。所以，说话的技巧在很多时候可以决定销售的成败。说客户想听的，听客户想说的，只有双方充分沟通，销售成功的几率才会大大增加。

但是，优秀的口才并不是天生的，好的口才都是在掌握了一定的话术技巧之后，在实践中磨练出来的。只要肯努力，每个人都可以拥有好口才，成为话术高手，进而成为一名成功的销售员。

或许有人会产生疑问：话术在销售中真的有那么重要吗？客户如果需要的话，即使你不开口他也会买。如果客户不需要，就算你说得天花乱坠也无济于事。其实，在销售工作中，这种想法是非常错误的。实际上，任何人在任何时候都是有需求的，只是有的时候，客户的需求是显而易见的，有的时候甚至连他本人都不清楚，需要你去挖掘。所以，销售人员在销售过程中，要懂得利用话术让客户说出自己的需求，甚至帮助客户创造需求，达成自己的销售目的。

本书基于销售中经常出现的一些情况，结合大量事例总结归纳了销售话术的知识与技巧。分阶段、细致地对销售话术进行了分类介绍，非常利于大家用于实战操作。

祝愿每一位销售人员都可以攀上自己事业的高峰。

作者

2012 年 9 月

目录 Content

第一章

Chapter 1

完美的开场白：开场话术

对于社会上的每个人来说，不论做什么工作或者做什么事情，好的开始都是成功的一半，这一点毋庸置疑。对于销售人员来说，更是如此。销售人员在与客户进行接触时，要先有一个开场白，进而才能与客户深度交谈。所以，开场白在沟通交流中就显得尤为重要，那么开场白的好与坏就有可能决定这次销售的成功与否。换一种说法就是，好的开场白，是销售人员成功的开始。

吸引客户兴趣的开场白

开场白的目的是要与客户继续沟通下去，以便促成交易。好的开场白不但能够引起客户的兴趣，还能够控制客户的内心。如果开场白不能引起客户的共鸣，那么往往会引起客户的反感。所以，销售人员要在开场的时候，学会用不同的方式吸引客户的关注。

1. 用问句引起客户的兴趣

用问句来吸引对方的注意力是个非常有效的方法。一个好的提问方式，不但可以引起客户极大的兴趣，还可以使销售员占尽优势，变不利的被动为主动，掌控局势。销售人员可以在与客户初次见面时，直接提出与客户利益有关的问题，通常客户不会拒绝回答。

比如说："从贵公司发布的消息上看，贵公司每个月交纳的电费、水费等费用过万元。那么，您是否有降低这方面花费的打算？"

"李厂长，您认为公司人员流动性大的原因是什么？"（公司员工流动性大是李厂长最为关心的问题之一，显然这位销售员问到了点上）

"不知您是否愿意给我5分钟左右的时间，向您介绍一种在短时间内赚取1000美元外快的方法，这能够快速提高您及您家人的生活质量。这种方法已经有超过10000人实践过，切实可行。"

在运用这一方式来进行开场白时，需要注意，问的问题应该是客户所关心的问题，并且表达明确、清晰，不能模棱两可、似是而非。只有这样才能引起客户的兴趣，进而促成销售。

2. 接近客户的话术：赞美和感激

适当的赞美在任何场合都不会出现太大问题。销售人员在与客户进行沟通交流之前，要先查找资料了解客户的特点，适当地夸奖客户。实践中，通过赞美对方既能得到对方对自己的良好印象，也能适当引起对方的注意，以便更快地接近对方，完成销售。但切忌言不由衷，过度赞美，招致客户的反感。

比如说："王总，您的办公室如此简洁而有品位，可见您是一个做事干练的人。"这样的赞美大方、得体、适度。而如果说成："王总，您这房子真漂亮！"就显然成了拍马屁。

"赵先生，我给您打电话是因为我们在和客户接触时，他们都多多少少会谈到您，这说明您在当地的电子行业中影响力很大，您做得何其成功。现在，我们公司也在研究、开发各种可以帮助我们客户做生意的方法，所以，我是特意来向您请教和学习的。”

3. 优惠法开场白

在开场白中可以运用优惠、赠送、免费等词语来引起客户的注意。社会上几乎每个人都会关注赚钱及省钱的方法，所以在开场白中可以运用优惠法或者是金钱诱惑法引起他们的兴趣。

比如：“雷厂长，如果有一个方法可以帮您每年在设备维修上节约10万元，您一定很想知道是什么吧？”

“您好，请问您有兴趣参加我们公司××产品免费试用的活动吗？”

4. 好奇心开场白

心理学研究表明，好奇是人类行为的基本动机之一。人们对不了解和不熟悉的事物都容易产生好奇心，有了好奇心就会有一探究竟的强烈愿望。在销售开始的时候，销售人员可以通过设置悬念等方式来引起客户的好奇心，从而使他们有进一步了解的欲望，进而达成销售目的。

比如：“您听说过一种坏了之后依然能用的锁吗？”

××家电企业推销员对顾客说：“每天只花一毛六分钱就可以使您用上快捷方便又实用的电器。”顾客对此感到惊奇。

推销员接着讲到：“这个家电需要297.6元。我厂家电平均寿命为5年，每年365天，这样平均每天的花费只有一毛六分钱。”

“孙经理，我一不小心做了一件错事，非常对不起您，所以今天鼓足了勇气来向您道歉，希望您能原谅，好吗？”

5. 从众心理开场白

从众心理是大多数人所拥有的共同心理状态，认为大家都用的东西一定好。所以客户的购买行动很大程度上会受到他人的影响。这一点可以用到销售当中，在开场白中就提到一些用过自己公司产品的人或公司，同样能吸引客户的注意，达成销售目的。

比如：“孙先生，您的好朋友李先生用了我们的产品，为他的公司带来了很多好处和方便，他推荐我来找您，也想给贵公司带来更好的收益。”

“王厂长，××公司的李总采纳了我们的建议之后，公司效益提高了很多。”

解除客户戒备的心态

前面讲了如何用不同的方式在开场的时候去吸引客户的注意，引起他们对产品或者服务的兴趣。但如果客户在一开始的时候就存在一种自我保护心态，那么如何去破除客户的这种戒备心理，也是需要学习的。问题的关键就在于，在交流中不给客户拒绝的机会。一些无关紧要的拒绝，比如价格太贵了或者是对造型不太满意，相对来说比较好解决。

1. 先从自我介绍做起

销售人员与客户接触，往往在作自我介绍的时候就被顾客给挡了回来。究其原因，还是表达不恰当。

比如：“张先生，您好！我是××公司的销售人员，来向您介绍一下我们公司的新产品。”

“李总，您好！我是××顾问有限公司的张玉。我们公司可以为您提供咨询、培训等相关服务，并且包您满意。”

一般情况下，对这类开场白的通常回答都会是“暂时不需要”或者是“不感兴趣”。原因就在于，销售人员对于客户来说还是完完全全的陌生人，而大多数人对于陌生人都是不信任，不信任就不会购买产品，这是毋庸置疑的。所以在开场的时候，先跟客户交朋友，再谈销售，这样容易出现好的结果。

“您好，霍先生，我是王兴，您叫我小王就可以了。”

这样的说辞会让顾客觉得你并不是在向他推销，并不是想让他花钱买你的东西，而是想跟他交朋友。这种意识一出现，客户的戒备心理就会减少，事情才能继续进行下去。

另外一种不会被拒绝的开场白采用的是模糊法，即给客户打电话的时候先要让客户觉得是熟人打给他的，以此获得继续接触的机会。

“早上好，周总，现在接电话方便吗？”一般这种说话方式都会是熟人行为，所以回答也会是“方便方便。您是哪位？”而一旦客户许下说话方便的承诺，接下来的事情就不会太棘手了。

另外在进行自我介绍的时候要先弄清楚自己的底牌，也就是销售人员在亮明自己身份的时候，如何让顾客信服。如果所在的单位是很有名很有威信的，那就可以直接说出来。比如说：“您好，这里是中国电信。我们最近推出一项新活动……”由于“中国电信”这样的公司能带给客户足够的信任感，并且客户很有可能正在使用电信的服务，所以这样的自我介绍完全可用。

但是，反过来说，如果自己所在的单位实力不是很强，也并不怎么出名，那就要利用相关的“金字招牌”来介绍自己。可以这样说：“您好，我这里是中国书法协会的合作单位……”借用国字号机构来提升自己的可信度。如果连这一点相关的优势都没有，那在进行自我介绍的时候就简单化。比如，介绍说“我是诺亚的××”比说成“我是诺亚企业管理顾问有限公司的××”要强得多。毕竟后者的表达无法让顾客从公司名称“诺亚企业管理顾问有限公司”中产生联想，认为你是做推销的，而在一开始就拒绝你。

2. 不提“优惠”字眼

通常在销售活动中，不论是面对面销售还是电话销售，销售人员往往通过“优惠”的字眼来吸引客户。这个初衷是好的，但成功与否的关键就在于这个“优惠”是能够引起客户兴趣的兴奋剂还是把客户越推越远的导火索。

在当今这个社会，大多数公司都有销售人员、业务员，任务就是推销产品，他们所运用的手段多半是“优惠法”了，因而现在的很多人在接触过多的销售人员和过多的“特别优惠”之后，一见到或听到“优惠”的字眼就会立刻联想到推销，销售人员也就会被拒绝了。

3. 学会转移客户关注的焦点

我们从小的时候就学习过一句话：“一心不可二用。”相信这句话的意思大家都明白，而这句话在销售活动中同样适用。销售人员在开始与顾客进行沟通交流的时候，要找到客户产生关注的兴趣点，这样就可以避免因为销售员的身份而遭客户拒绝。转移客户关注的焦点，让他无暇顾及而只关心销售员给他设定的问题，这样成功的几率就大大提高了。而且要为新的问题和所销售的产品之间搭建平台，以便能顺利过渡。

有这样一个案例。

电话销售人员：早上好，赵总，您现在接电话方便吗？

客户：哦，方便方便，您是哪位？

（销售人员成功让客户自己许下方便的承诺）

电话销售人员：我是诺亚的李琳，赵总，我今天之所以打给您，是要向您道谢的！

（销售人员在自我介绍的时候公司名采用了模糊法介绍，使客户无法推理想象，自己的姓名改用“李琳”这个别名，既好听又好记，还可以让男性客户产生美好的想象，打电话的原因说成是来向客户“道谢”的，大家看看客户的反应）

客户：道谢？李小姐，那你为什么要向我道谢呢？

（一通莫名其妙的“道谢”电话，让客户觉得很有意思，于是客户想继续了解“为什么”的兴趣被激发出来，对话就可以顺畅地进行下去了）

电话销售人员：赵总，是这样的，您知道北方期刊吧？我们这边是北方期刊的战略合作伙伴，您一直用咱们北方期刊作为宣传和招聘的渠道，所以特别感谢您长期的支持！

（在这里请大家注意，北方期刊被作为电话销售人员的自我介绍过渡的桥梁，使客户不看僧面看佛面，所以客户的“自我保护”意识会大大减弱。）

客户：哦，原来是这样啊，没有什么，大家都是相互合作，彼此相互支持本来就是应该的嘛！李小姐太客气了。

电话销售人员：嗯，赵总您人真好！对了，赵总，其实说实话，今天打电话给您，除了向您道谢之外，还有另外一件事情，只是不知道当讲不当讲？

（有了前面相互信任的铺垫，销售人员现在才可以提出一个不算压力很大的问题，而且，想想看，当我们向别人说不知道某件事情“当讲不当讲”的时候，几乎99%的可能都是得到肯定的回复）

客户：哦？什么事情？李小姐但讲无妨！

电话销售人员：赵总，是这样的，在给您打电话之前，我看了一下您在北方期刊上发布的宣传广告，认为您写的宣传文案特别好。但是我在这里也有一点点自己的小建议，如果有几个地方稍微调整一下，效果可能会更好一点。当然我的建议也不一定正确，只是想跟您探讨一下。不知道可以不可以？

（如果你是客户，一个女孩主动打电话给你，帮你修改宣传文案，你难道会不感动吗）

客户：当然可以，李小姐，请讲。

电话销售人员：嗯，是这样的，第一个地方是在……

（到现在为止，客户的关注焦点已经被李琳转移了，所以李琳是销售人员这件事就不了了之了。接下来的销售就是顺理成章了）

新颖独特的开场白

销售工作中的开场白多种多样，那么找一种比较富有新意的开场白，对于业绩的提升是很有帮助的。现在，社会的发展如此之快，以至于社会上很多人都在向别人推销产品，都是销售人员。大家接触的销售人员多了，就会产生一种疲劳和抗拒心理。这时候，一个新颖独特的开场白就非常有必要了。

有这样一个销售案例。

一个人在大街上卖盆子。如果是很常规地在那儿摆个摊儿，这里也就没什么必要去说了。新奇的是，他把盆子在地上滚来滚去，还一边吆喝着说："大家来踢盆喽，踢盆喽。踢坏不要钱，踢坏一个倒贴100块钱啊！"这种好事情相信谁都不会错过。那么经过自己亲自检验出来的好质量，谁又会不买一个回去呢？

有一位日本的保险业销售人员，他在自己的名片上印上了“76600”的数字，每当他把自己的名片递给顾客之后，顾客都会很好奇地问：“76600这个数字是什么意思呢？”这个时候这个销售人员就会反问道：“先请问一下，您一生中吃多少顿饭呢？”然而这个问题却几乎没有一个顾客能回答得出来。这位销售人员接着说：“76600 顿吗？那么咱们假定大家的实际退休年龄是 55 岁，按照一般人的平均寿命计算，您将只剩下 19 年的饭，即 20805 顿……”在这里，这位销售人员用一张新奇的名片吸引住了顾客的注意力。接下来的销售就会顺理成章了。

一般情况下，越是新奇的事物，大家越是感兴趣，这是人之常情。销售人员不妨在与客户进行初次会面之前，想一个新奇独特的开场白，这会为你的个人形象甚至于工作增加不少的分数呢！

1. 利用赠品吸引客户

如果有人在大街上跟你说他们公司正在搞活动，随机的向路人发放免费物品，然后邀请你进店里领取。遇见这种情况，你会不会进去呢？大多数人都会进去的吧。因为多数人都有贪小便宜的心理，免费的东西不要白不要嘛。利用这种心理，可以对这一部分人进行推销。因为确实很少有人会拒绝免费的东西，所以用赠品作为销售的敲门砖，既新鲜，又实用。

2. 强调你的产品与众不同

销售人员在力图使用新颖的开场白和新奇的推销方法的同时，也要注意，利用你的产品，强调你所销售产品的与众不同也是一种很新奇的开场方式。人们在看到或亲身体验到产品的好处之后，自然就会毫不犹豫地买下来。

这里有一个案例。

周末在游乐园，有一个卖风筝的人正在那里放风筝，吸引了游人的目光，很多人在一旁观看、欣赏。风筝这玩意相信大家都见过也都放过，但是这个放风筝的生意人的玩法却与平时大家的玩法不同。不同之处就是速度，他的风筝放得犹如火箭一般，时而高飞冲天，时而俯冲落地，更加惊险的是，当风筝从天空开始俯冲即将落地的时候，他可以控制风筝掉头向上，冲向天空并且伴随着巨大的轰鸣声。

特别引人注意的是，在摆放风筝的地方，这个生意人做了一个大海报“你来试一试”。看到这个海报，相信就算不怎么感兴趣的人都会立刻来了精神，上去试两把。会玩的当然玩得高兴，高兴了就会买一个回去。那么对于不会玩的，这个生意人又很耐心地教大家，不会玩的学会了也就会买了回去。这个生意人的生意自然就做得红红火火了。

在这个事例中，最值得大家学习的就是在销售中要注意强调你所销售的产品的特殊性，强调它的与众不同。只有这样，顾客看到、听到了之后才会动心，才会买你的东西。否则，别人卖的东西和你的一样，甚至于比你的东西还好，那顾客为什么还要买你的呢？相信这个道理大家都懂。所以说，记住这一点对提升业绩是非常有帮助的。

当代世界上大家公认的最富权威的推销专家戈德曼博士强调，在面对面的推销中，说好第一句话是十分重要的。因为所有的顾客听第一句话要比听以后的话认真得多。听完第一句话，许多顾客就自觉不自觉地决定是尽快打发销售人员走还是继续谈下去。所以，销售人员要在销售过程中，尤其是开场时，利用新奇独特的语言和手法吸引顾客的注意力。只有这样，才能保证下面的事情能顺利进行。

诚心向客户求教

在销售开始的时候，销售人员可以利用向顾客请教问题的方法来引起顾客的注意，避免刚开始进行交流就被对方拒绝。

社会上的人形形色色，有些人好为人师，总是喜欢指导、教育别人，或显示自己的能力。销售人员可以在拜访他们的时候有意找一些不懂的问题，或者是本来懂却装不懂地向顾客请教。一般情况下，顾客是不会拒绝虚心讨教的销售人员的。如：“周经理，在电子软件方面您可是专家。这是我们公司最近新研制出来的软件，还请您指导一下，看看在设计方面还存在什么问题?”受到这番抬举，对方就会接过电脑资料信手翻翻，一旦被产品的先进性能所吸引，那这次的销售就成功了。

当然，在有的情况下，客户可能会说很忙，就像下面案例中的情况。

销售员：您好！王小姐，我是星凯公司的侯明，打扰你了，非常不好意思。我们公司现在正在作一个市场调研，能否请您帮个忙呢？

顾客：不好意思，我正在开会。

销售员：那我一个小时后再打给你吧，谢谢你的支持。

然后，销售员就主动挂断了电话。

当然，一个小时之后再打过去，或许顾客还会以很忙为借口而拒绝。那就要在一个小时之后再打过去的时候就说：“王小姐，您好！我姓侯，刚刚给您打过电话的，您让我一个小时以后打过来……”

销售人员在进行销售活动的过程中，会遇见形形色色的人，这些人的性格是不一样的。所以面对同样的开场白，他们的反应也就会不同了。在诚心求教这种开场白中，有的人就会帮助你解开这个难题，然后会使你这次销售成功；有的人就会拒绝你的求教。在遇见这种情况的时候，就要随机应变，根据具体情况去改变销售策略。

有一个销售人员小雨，去给一个公司的总经理推销一种培训服务。可刚开始就被拒绝了，然而小雨说："好的，总经理，没关系。耽误了您宝贵的时间非常不好意思。但是您没有接受我们的服务，能告诉我原因吗？我应该如何去寻找客户？如何去说服他们呢？"一般在这种情况下客户就不会再次拒绝了，然后就可以根据前面介绍的方法进行下去了。

刘先生是××大型电子产品经销商，但是他为人较保守，而且非常讨厌别人向他推销产品。小王是××电子公司的销售人员，一天，他再次到办公室来找刘先生，希望可以达成他的销售目的。

刘先生(不高兴)道："我上次不是跟你说了吗？我不需要你的产品，我有很好的合作商。你又来干什么？"

小王(满脸笑容)：哦，刘先生，我这次来不是向您推销的，我是来请您教我如何作推销的。

刘先生(惊奇)："我教你？销售人员找别人教他作销售，这还是第一次听说。我没经验，再说我还忙着呢，没时间教你。"

小王(保持微笑)："那真不好意思打扰您了！要不您看这样吧，您给我5分钟的时间，我请教您一个问题。不会耽误您太长时间的。"

刘先生(为难)："好吧，就5分钟。你说吧，什么问题？"

小王(笑容依旧)："是这样的，刘先生。您没有购买我们的产品，您能告诉我原因吗？像我们这种产品，应该如何寻找客户并打开销路呢？"

刘先生（很感兴趣的样子）：“这个问题简单啊，来，我告诉你。”

在这个案例中，小王很聪明地让客户教他如何为他所推销的产品打开销路，这样在客户给他讲解的时候就可以很清楚地知道客户真正的需求。这样在后续说服客户的过程中就有了明确的目标，距离成功就进了一步。

准确称呼客户

戴尔·卡耐基有一句名言：“一种最简单但又最重要的获取别人好感的方法，就是牢记他或她的名字。”不论在任何情景下，在任何语言环境中，对任何一个人而言，最动听也是最重要的字眼，那就是他的名字。在销售中也是这样。谁都喜欢被别人叫出自己的名字，而且叫得正确。这证明对方记住了自己的名字，重视自己。所以不管客户是什么样的身份，与你关系如何，你都要努力将他们的容貌与名字牢牢记住，这样会对你的销售工作有很大的帮助。如果你一开始就叫错了客户的名字，那肯定没有办法再继续进行推销了。

有这样一位业务员，他想向一位公司的老总推销他们公司新开发的软件。这天，他急匆匆地走进这家公司，找到老总办公室，敲门后进屋。

“您好，吴总，我是××公司的销售人员，我叫孙敬。”

“孙先生，恐怕你是找错人了。我姓江，不是你要找的吴总！”

“噢，那真不好意思，我可能记错了。我今天来是想向您介绍一下我们公司新推出的高科技软件。”

“我们现在用的软件很好，暂时还用不到新产品。你请回吧。”

“这样啊。不过我们也有跟您现在用的差不多的。这是产品资料，您看一下。”孙敬将资料拿出来放到桌子上，“这些请您看一下，有关介绍很详细的。”

“不好意思，我想我实在不需要这些。”说完，就示意孙敬可以走了。

在这个案例中，我们可以看到，孙敬之所以没有促成这次销售的成功，除了他语言表达方面有一定的失误之外，最重要的就是他记错了顾客的名字。叫错顾客的名字，在开场的时候就引起了顾客的反感，让顾客觉得你不尊重他，不重视他，把他当成了另外一个人。遇到这种情况，相信无论是谁都不会高兴的。这就叫做“出师未捷身先死”。要避免这种情况的出现，就要准确记住客户的名字，还要和这个人的容貌对上号，千万不能记混了。

另外，记住顾客的名字，在另一种情形下也会发挥很大的作用。

销售人员在作推销的过程中，常常会出现这样一种情况：知道所要找的负责人的姓名，但是不知道电话，或者只知道公司前台的电话。通常遇到这种情况，大多数人会去前台问或者把电话打到前台，这是最直截了当的办法，但是往往都被挡了回来。究其原因，还是开场白的问题。

下面案例中的开场白，就是很失败的。

销售员：“您好！请问魏经理在吗？”

前台：“请问您是？”

销售员：“哦，我是××公司的，来找你们魏经理有点儿事情。”

前台：“请问是什么事情？我们魏经理不接待没有预约的客户。”

一般出现这种对话之后，成功就会离得越来越远了。

在这种情况下，最直接也是最简单的办法就是直接称呼负责人的姓名，并且要求对方前台或秘书转接就可以了。但是需要注意的是，在打电话时，说话的语气一定要自然，并且要非常自信，听起来就好像你与他们负责人很熟悉一样。

销售员："您好。我找老李。"

客户："请问您找哪个老李？"

销售员："李竟啊！"

客户："您是找我们老总？"

销售员："是呀！他在吗？"

客户："请问一下，您是？"

销售员："我是他朋友，倩倩。你们平时都怎么称呼他呀？"

客户："我们都叫他李总！"

销售员："李总？这小子混的不赖嘛，已经升为老总了！"

客户："您是？"

销售员："我刚才不是跟你说了吗，我是他朋友，倩倩。请他接电话吧。"

客户："好的，请稍等……"（转过去了）

记名销售法是很多人都已熟知的一种销售技巧，准确地记住客户的名字在销售中具有至关重要的作用。美国最杰出的销售员乔·吉拉德就能够准确无误地叫出他所遇到的每一位顾客的名字。即使是一位五年没有见过的顾客，只要踏进乔·吉拉德的门槛，他就会让你觉得很亲切，好像你们是昨天才分手，并且他还非常挂念你。他这样做会让顾客感觉自己很重要，觉得自己很了不起。如果你能让某人觉得自己非常了不起，他一般就会满足你的所有需求。

记住你所接触的每个人的名字，这不仅对你来说非常重要，对于你的客人来说也很重要。因为忘记别人的名字就是对人的怠慢。如果你能够热情地叫出对方的名字，从某种程度上表现出对他的重视和尊重，那他对你的好感就由此产生。

如果你觉得记住每个人的名字是一件很困难的事，那么，从现在开始就要留心了。可以用心去记，把准确记住客户的姓名和职务当成一件非常重要的事，并且通过不断重复加强记忆。如果还是记不住的话，不妨试试“好记性不如烂笔头”，用你手中的笔去帮助你记忆，这样记住的几率就很大。还有一种有趣的办法，就是根据个人的想象力，运用联想的方式记住客户的名字以及相关信息。

总之，不管用什么办法，记住客户的名字以及相关的信息是非常非常重要的，这会给你的销售带来一个良好的开局。如果你还没有做到这一点，那么从现在开始，行动吧。朝着这个方向努力，你所收获的不会只有一点儿。

给客户一个见面的理由

在销售工作中，我们不论是接触老顾客还是去开发潜在的新顾客，在与对方进行沟通的时候，都要给对方一个见你的理由，即对方为什么要见你，见了你能给对方什么好处，有什么价值。也就是说，你在开场的时候就要告诉他，你不是在浪费他的时间和生命，你是在想方设法地为他创造价值。只有这样，客户才会愿意见你，才会愿意给你一点时间。

不论我们在干什么，一切对话的开始都是开场白，不同的开场白会给人带来不同的感受，所以在销售过程中，我们在说开场白的时候有很多需要注意的地方。或许有人会说：一个开场白有什么好说的？无非就是客套话，问候等词语。其实不然，如果只是简单地客套，对方也许会很有礼貌地拒绝你的拜访。所以在销售过程中，一个开场白，或者说一次拜访都需要“理由”——一个对方为什么一定要见你的理由，而你的理由恰恰就是客户是否愿意接受你拜访的原因。如果这个理由不充分，那也就不能怪客户不愿见你了。下面有两种不同的说话方式，可供参考。

第一种说法："王小姐，我们这里新出了一种很好的洗发水。您什么时候有时间咱们见一面？"

第二种说法："王小姐，您老说您的头发受损，出现干枯分叉的情况。我们这里最近新出了一款洗发水，是专门为这种发质研制的。您看您什么时候有时间来我们这儿试试？"

显然，大家都能很明显地看出来这两种说法哪个会得到客户的回应，可是一遇到实际情况就不见得会操作了。那么请记住这一点：顾客的需求就是最好的理由。

记住了这一点，在利用这种方法进行开场白的时候就会简单很多。同时，要求我们做得更多，那就是得记住客户的需求，也要懂得去适时挖掘客户的需求。只有知道客户的需求是什么，我们才有可能把东西卖给他们。毕竟，销售人员自己感觉到的需求，并不能代表客户的需求。如果客户没有需求，他根本就不需要，你又如何把产品卖给他呢？

给客户一个见你的理由，说白了就是你所作的这次拜访有什么目的？这次拜访是否会给客户带来"利益"，如果没有"利益"也没有价值，客户肯定不会在你的身上浪费时间。很多销售人员在进行销售时，都掌握不好语言的表达方式，即使产品对客户有帮助，这个信息也表达不出来，要不就是先亮明了自己的身份，这几种做法都是不可取的。前面已经说过，要在开场白的时候尽量回避这个问题，因为很多客户对销售员都有一定的抗拒心理。所以要用利益去引导他们。

在销售过程中，你去拜访潜在客户无非是想"成交"。假如你在拜访客户的时候，首先向人家介绍的就是你的产品信息，那很可能被拒绝。在这里首先应该做的就是了解客户的需求，再根据客户的需求介绍你的产品，也就是这款产品对客户有什么样不可取代的价值。

比如说：总经理您好，非常荣幸今天能够见到您，我是××公司的销售人员，我今天来主要是向您介绍一下我们公司新推出的培训项目，这个项目是由业内著名人士来对人员进行培训……

很显然，这个开场白是失败的。因为在这个开场白里，销售人员只强调了自己的产品，却没有站在客户的角度去思考问题。对于客户来说，你的产品无论多么优秀，但是如果对我毫无价值，那就算你说得天花乱坠都无济于事。还有一个原因就是，客户都很忙，他们一般不会花太多的时间去思考你的产品到底能给他们带来什么。所以，这方面的工作就需要你去做，主动说出你的产品对他们有什么帮助。可以试试下面这种方法。

销售人员："武总经理，您好！好久不见啊，最近可好？"

得到回答后接下来就可以往产品或者你想要的那一方面引导。

销售人员："武总，我发现我很喜欢你们公司的员工。您别觉得奇怪，因为我觉得他们工作情绪都很高，工作也很积极啊。"

一般这种情况下客户都会谦虚一下，说什么员工不行啊，情绪还是不高什么的。这个时候你就要问清楚是哪方面的原因了，知道了老总不满意的具体原因，还怕这单生意不成功么？不成功都是不可能的了。

销售人员："是这样啊。武总，我非常想为您排忧解难，我有一个建议不知道当讲不当讲。"

这种情景，绝大多数情况下是会得到肯定的答复的。

销售人员："武总，是这样的。我们公司最近聘请了业内著名人士讲课，推出了一项给公司员工培训的新方案。您要是感兴趣，有时间的话可以去听一下。或者让他们来给您的员工试讲一下，保证您的员工会工作得更加努力。”

事情说到这里，相信大家就都知道接下来会发生什么了。因为这个销售人员走的是循序渐进的路子，而且是为了帮助这位客户，为了给他创造价值，所以才会成功。

所以在销售活动开始之前，一定要做好准备。想清楚应该如何跟客户介绍你的产品，以便达到既能给客户带来价值，又能提高自己销售业绩的双赢局面。

开场白话术须知

销售其实说简单点儿就是卖东西，是实物的产品也好，是服务性质的培训也好，在销售过程中最关键的一点就是信任，即取得客户的信任。试想一下，如果客户对你及你所销售的产品连最起码的信任都没有，他又怎么可能会跟你做生意呢？在与客户进行沟通交流中，如果引起客户反感了怎么办呢？又如何避免客户在开始的时候就说出拒绝的话呢？这些问题，都是作为一个成功的销售人员应该知道的。

1. 首先，取得客户的信任

客户对销售人员的信任与否决定着这次销售活动是否成功。很多销售人员在对客户进行推销的时候，都没有注意到这一点。往往在客户还没弄清楚你是谁的时候，就开始了长篇大论，这是销售中的禁忌，一定要记住。

有这样一个案例。

小陈是一家新成立的电脑公司的销售人员，负责给各大卖场联系送货。一天，她去一个大商场推销电脑。

小陈："您好！我是新成立的一家电脑公司的销售员工，我今天来主要是向您介绍一下我们公司的产品，它采用最先进的技术，而且物美价廉。您看我们是否能给您提供货源呢？"

客户："不好意思啊，我们这里只做大品牌的电脑，您找别家吧。"

在这个案例中，这个销售人员就没有做好让客户信任的工作。一家新成立的公司，凭什么让人家信任？如果卖家都不信任这个产品，那么人家又怎么把东西卖给别人呢？

同一家公司的另一个销售人员：

小李："您好！您这儿的电脑卖得怎么样呀？"

客户："凑合着干吧。进价太高，现在电脑这东西这么普遍，卖不了多少钱。"

小李："那要是进价低点儿，差不多的电脑是不是能多赚点儿呢？"

客户："现在哪儿有那么多低价电脑啊。名牌的贵，不出名的质量又不好。"

小李："我这儿倒是有个消息，可能会对您有用。"

客户(很感兴趣的样子)："什么消息？"

小李："是这样的。我们公司是新成立的一家电脑公司，但是和知名品牌××电脑有技术上的合作，所以质量肯定没问题。又因为是新公司，所以为了打开销路，现在低价提供货源。您如果感兴趣的话，可以多了解一下。"

客户："质量真没问题？"

小李："我今天带了一台来，您可以试试。"

这次的销售显然是成功了。因为小李不仅用和知名品牌合作的招牌赢得了顾客的信任，还给顾客带来了利益，即上一节所说的价值。那么，顾客何乐而不为呢？

2. 给客户说话的机会

想想看，我们在向别人讲解东西的时候是不是都会急于求成呢？尤其是销售人员，在向客户介绍产品的时候都是一股脑的，几乎不给客户开口说话的机会。这种情况下，通常是销售失败了之后销售人员还不知道原因是什么。是怕客户开口说话就会拒绝你，因此不敢给客户说话的机会吗？其实完全没必要，而且这种做法完全是错误的。如果你不让客户开口说话，又怎么能知道他的需求呢？

销售员霍青是一个急性子的人，在跟别人说话的时候常常不给别人开口的机会。一次，她去向客户推销产品。

霍青："小姐，您好！您看上去真年轻。"

客户："都老了，哪儿还年轻啊！"

霍青："真的，看上去真的很年轻，一点儿都不老。而且，我看您皮肤也挺好的，平时一定经常作保养吧。您看您儿子这么可爱，您一定生活得很幸福。"

客户："他不是……"

霍青："是这样的，我们公司最近在做活动，护肤产品都打折呢。我们公司的产品都是采用的高科技，效果非常好。虽然您皮肤这么好，但是还是一定要注意保养。"

客户："你先等会儿……"

霍青："小姐，您是不是对我们的产品不太了解。它采用的是新技术，纯植物萃取，绝对对皮肤没有伤害的。您要是不信您可以进我们店里试试，我们有供客人使用的试用装的。小姐，您……"

客户："停！！！"（客户大声喊道）

霍青（一脸迷茫）："怎么了吗？我没有骗你，我们这个真的是……”

客户：“我说小姐，你就不能让别人说句话吗？而且我要告诉你的是，我正在使用你们公司的产品，我承认，效果不错。但是，从今天开始我再也不用了。你们公司的员工素质太差了。还有，这个孩子不是我儿子，是我侄子。我看起来像有个这么大孩子的年纪吗？真是的！”

霍青的出发点确实是好的，她也没有欺骗客户，并且想给客户带去价值，但是却导致了这样一种结果。你看出来是为什么了吗？原因就在于霍青没有给客户开口说话的机会，如果她可以让客户有机会把想说的话都说出来，那结果就完全是另外一个样子了。或许这个客户还会再次购买，成为霍青的忠实顾客也说不准。

所以在这里要告诉大家的是，在销售开场白的时候，取得客户的信任固然重要，同时也要注意给客户开口说话的机会。只有把两者有效的结合起来，才能每次都获得成功，创造好的业绩。

让客户给你说话的机会

1. 微笑，倾听

在销售工作当中，有一种情况相信大家都遇到过。就是在试图与客户进行交流的时候，客户或者直言拒绝，或者滔滔不绝地自己发表长篇大论。但他们的共同点就是不给销售人员说话的机会。那么销售人员没有说话的机会，就无从介绍自己的产品了吗？答案当然是否定的。

销售人员在向客户推销自己产品的时候，最常见的情境之一就是，对方已经在用别的产品，并且所用的产品无论从哪方面说，与自己的产品都不相上下。这种情况下，如果再强调产品的功用，肯定不会引起对方的重视。那么如果遇见这种情况，就束手无策了吗？当然不是！那就要在“鸡蛋里边挑骨头”，从相同中找出自己的优势。

那么回到上面说的那种情况，即没有机会开口说话，就更别提自己产品优势的事情了。试想一下，客户不给你说话的机会是什么原因呢？不信任你？不想买你的产品？对，可以说这些原因都是。但是对于不同的客户，就要采取不同的应对方式。

滔滔不绝的客户或许并不是不想买你的东西，只是他的性格使然，一见到人就打开了话匣子，想停都停不下来。对于这种类型的顾客，如果从一开始他就一直在说，那么作为销售人员，记住一个字就够了：等。等他讲完，等他说累了。总之，只要他不赶你走，只要他说完，你就有机会说话。

但是在等的过程当中，还要注意：要微笑，不能露出不耐烦的表情来。还要注意倾听，只有听清楚了他在说什么，才能在他说话的空当里插上话，从而节省时间。俗话“伸手不打笑脸人”，说的就是这个道理。一个人愿意说，而另外一个人又愿意听他说，那么就是周瑜打黄盖了，“一个愿打一个愿挨”，还有什么事情是不好办成的呢？

2. 告诉他，合作才是目的

面对滔滔不绝型的客户，可以用保持沉默和倾听来进行应对。那么，对于直言拒绝的呢？问题的关键是要找到他拒绝的原因。大多数商家或者客户之所以会拒绝销售人员，多半是因为不信任，怕花冤枉钱，怕被销售员骗他的钱。这样就好说了，你直接告诉他，合作才是目的。同时在说话中，透露出自己的优势。

如果面对的是客户已经在用产品这种情形，销售人员不妨避开正面的回答，这样说：“这里有一个很简单的道理，无论与谁合作，我们的目的都大同小异，无非是实现销售，双方各取所需，但是与贵方合作，或者贵方选择与我们合作，达成双赢目的的可能性最大。”

很明显地，商人的目的就是利益，这是人尽皆知的道理。销售人员在交谈中不否认获利的愿望，却同时表明了不把对方作为获利的对象和工具，而是寻求最佳合作伙伴的意愿，无形中削弱了对方的戒备心理。

另外需要注意的是，如果对方的言语中暗含了关于合作条件的信息，销售人员一定不能错过，并且要牢牢把握住，适时的给予正面的直接回答：“我们的公司向来以良好的信誉和优质的产品来开拓市场，所以您说的长期合作没有问题。”如此铿锵有力地作出保证，对方才可能给销售员继续陈述的机会。反之，如果销售人员犹犹豫豫或者反过来试探对方，效果就会大打折扣。

面对突然造访的陌生人，或者是没有合作过的公司或单位，不论是谁，都会有一定的戒备心理。这是正常现象，销售人员万不可因为这个原因就望而却步，止步不前。分析具体的原因，还是客户担心销售人员损害他们的利益。只要在交流的过程中，销售人员不要在潜意识里认为自己是来赚客户的钱的，一般情况下就没有问题。因为心理学证明，人心里所想的事物或多或少地都会在脸上显现，别人都会在你的言谈举止上发现蛛丝马迹。如果存在这种心理，一般人都会认为自己在占别人便宜，从而不自觉地流露出胆怯和不自然的神态。所以，在拜访客户的时候，一定要摆脱这种心理暗示，告诉自己也告诉客户，你是在寻求合作伙伴。只有你消除了对方的戒备心理，才有可能进行具体问题的谈判。否则，一切都将无从谈起。

圣凯是一家在业界非常出名的大公司，有实力，有威信。所以很多商家都想找他们合作。但是因为有威信，所以就成了“香饽饽”，时间长了就被形形色色的销售人员“骚扰”。因此，圣凯公司就采取一概不见的策略。下面是同一家公司几个不同的销售人员与他们的谈话内容。

销售员甲：“我们的产品和其他公司的不一样，不信您看看，这是资料。”

销售员乙：“您今天拒绝了我，会是您公司的一大损失。”

销售员丙：“我知道您公司有很好的合作伙伴，贵公司选择合作伙伴的标准也很高。在这一点上，我想我们是一样的，我们选择合作伙伴也有很高的标准。既然这次无法进行合作，那我很期待和贵公司有下一次的合作机会。”

上面这三位销售人员的话，你觉得哪个更好一点儿呢？很显而易见是不是？销售员丙不仅抬高了对方，同时也把自己放在了与对方同等的平台上，暗示对方自己的公司并不差。这样才会给客户留下深刻的印象，客户才会给你说话的机会。

但还有一点，在首次的陌生拜访中，最需要注意的问题是时间。因为毕竟双方都是初次见面，且较为突然，时间不宜过长。所以开始的几分钟最为重要，因为你要在最短时间内用最简洁有力的话语打动对方，取得主动权。并且面对不同的客户要采取不同的应对方式，微笑，倾听；还要注意，你是在寻找合作伙伴，不是为了赚客户的钱！

以守为攻，以退为进的开场白

每一场谈话开始的方式，都可以是千变万化的。有一种方式就是上一节所说的，对方直接拒绝了，根本不给说话的机会。除此之外，令销售人员头疼和不知所措的还有一种情况，那就是，客户接见了，也同意销售人员说话了，但客户太“强大了”，可以“一心二用”，一边继续干着别的事情，一边听销售人员介绍产品。

往往到这个时候，多数销售员就都不知道该怎么办了。明知道在这种情况下介绍自己的产品是最不明智的选择，可有的销售员在实在没有办法的时候，就会在客户批阅文件的时候介绍产品，结果就可想而知了。那么，正确的做法是怎样的呢？那就是：吸引客户的注意力。

小红是××公司的一位推销员。她在经过多次的努力争取后，终于见到了当地一家大公司的老总。但是，当她获准进入老总的办公室受接见时，后者几乎连头都没有抬，继续坐在办公桌前处理文件。

“你可以说了，”这位老总低头说道，“我可以一边处理这些文件，一边听你介绍。”

“好吧，”小红回答，“如果您能通过我所设定的一个简单的小试验，我就可以在您处理文件的同时向您介绍产品。”

这位老总终于停下，抬起头来，问：“什么小试验？”

“如果可以，请您一边背诵徐志摩的《再别康桥》这首诗，一边在纸上写下‘生命是一颗开花的树’这几个字”，聪明的小红以这样的方式吸引了客户的目光。

在这个案例中，小红就运用了以守为攻的方式，吸引了客户的注意力。在客户不给她目光，不跟她进行直面交流的情况下，小红没有用强硬的口气要求客户如何如何，而是顺着客户的思路走。如此一来，似乎是小红在这场交谈中处于弱势，但其实不然。小红用一个方法吸引了客户的目光，从而让顾客顺着她的思路进行，这就是以守为攻，用一定的方法让自己的弱势转化为优势，进而完成销售活动。

在类似情境下，提上一个简单的问题通常也能很容易达到目的。比如说，如果客户仍在低头继续看文件，作为推销人员可以提出这样一个简单又好回答的问题打断他：“请问一下，你们公司已经创立多久了？”这种问题，客户一般情况下都会回答，如：“10 年了，有什么问题吗？”这个时候推销员便可以接上去说：“没有，我只是随便问问，您是不是贵公司的开朝元老，自公司开业后就一直为它服务。”然后不管对方怎样回答，销售人员都可以对他进行吹捧了：“这么长时间了呀！您干这行的时间可真是不短了，肯定能判断出买什么划算，买什么不划算，请看……”在对方还没来得及再去阅读文件的时候，销售人员便应该抓紧时间介绍产品。

以守为攻，重点就在“守”。守什么？守住你的底线。那么，有的销售人员就不明白了：在销售活动中，销售人员的底线是什么？销售人员的底线就是：不能在客户的注意力不在你身上的时候对他进行产品介绍。就是说，只要客户的注意力还集中在其他问题或者事情上，你就不能对他继续进行产品介绍。否则，不仅会徒劳无功，还会受到对方的轻视。最重要的一点就是不论在任何情况下，作为销售人员，你都不要按他们的要求去做。不过，如果你实在没有其他方法把对方的注意力吸引到你这里，你也可以简单地说：“不必了，我可以等您把事办完。”

介绍完以守为攻，接下来看看以退为进是怎么回事。有一句话说：“退一步海阔天空。”这句话用在哪儿都不会错。当然，用在销售中也是正确的。经验丰富的销售人员在向客户介绍产品和谈价议价时，一般都会用此道。先退一步，让对方放松了戒备，再在他没有防备的时候进行反攻。那么在开场白中，又如何使用这一方法呢？

还是上面的情况，客户不搭理销售人员，以一种“一心二用”的方式来敷衍销售人员。应对方式中，除了上面所说的以守为攻，还要懂得以退为进。不妨这样说：

“既然您这么忙，不能抽出时间好好谈这件事，那不如您说个时间，在您方便的时候，我再来一趟好了。”

“既然这样，那我就先回去了。这个周五您有时间吧？到时候我再来。”

你的这份耐心和你的这份诚意客户会充分体会到，一般情况下，他会停下手中的工作，给你时间的。

其实这些以守为攻和以退为进的做法没有什么高明之处，只不过是首先抓住了客户的目光。只要抓住了客户的目光，客户自然就容易听你讲话了。

直接告诉客户你的目的

诚然，每一种开场白都有它不同的作用。但是什么时候该用什么样的开场白，就需要时刻观察，随机应变了。吸引客户的注意力，真心求教，以守为攻……这些都是非常实用的开场白，也是经过大家实践证明过的。不过有一种情况，这几种开场白却都不适用，那就是特别有针对性的销售，比如药品销售。

一个药品销售人员一般不会找单个的人进行销售，而是找药店或者正规的销售单位，一般就用开门见山的方式比较好。如果这个时候还遮遮掩掩，即惹人厌烦，又做不成生意。

小王是一家药品公司的销售新人，经理派他出去联系××药店，想给他们供货。下面是一段小王与该药店店员的对话。

店员：“先生，您好！请问您要买哪方面的药？”

小王：“哦，我想看看××类的药。”

店员：“好的，您请这边。这种药是××公司产的，药效特别好；这一种是……还有这一种……”

小王：“哦，好。不过，我不是来买药的，我是来向您推销我们公司新产品的。我们公司的药品……”

店员：“你不买药你干嘛不早说啊，浪费时间和感情。不买，我们这儿的药很齐全了，你去别家吧。”

自然，这一单生意就没有谈成。原因就是小王刚开始的时候没有说清楚自己的意图，店员给他讲解了这么长时间各种药品的效用，却都做了无用功。要是你是那位店员，相信你也不会高兴的。改变策略，请看下面的对话。

店员：“先生，您好！请问您要买哪方面的药？”

小王：“不好意思，我不是来买药的。我是××药品公司的销售人员。我这次来主要是想向你们介绍一下我们公司新研制出来的药品，您看一下，这是资料。相信您这里如果放上我们的药品，贵店的营业额肯定会有提升的。”

店员：“哦，是这个公司啊！我们正打算进你们的药呢。你等一下，我给我们店长打个电话请示一下。”

请示完毕。

店员：“这样吧，我们店长今天有事回不来，你留下联系方式，等我们店长回来了再约个时间详谈。如何？”

小王：“也好。这是我的名片。”

两天之后，这笔生意就谈成了。

看出来这两个案例有什么区别了吧？后面这个案例的成功就在于，在开始的时候小王就说出了自己的目的，没有让这位店员误会，而且又有意外的收获。所以销售人员朋友们，不知道如何进行开场白和选择开场白方式不熟练的，不妨就用开门见山这一招吧。

但是在用这一种方式的时候，也是需要注意的，那就是要永远把客户的利益放在第一位。如果你开门见山地跟客户说你的产品有多好，却只字不提对客户有什么好处，那估计成功的可能性也不是太大。

在推销保险的这个行业中，坦诚面对相对于别的方式来说更具优势，也更加容易让别人接受。如果在谈话中躲躲闪闪倒不会引起客户的兴趣，不如坦率一些。比如，有的销售人员在对客户进行推销的时候，就不敢直面现实，说话犹犹豫豫，而且表达的时候也没有从客户的利益出发，不仅引不起客户的兴趣，还常常会招致客户的反感。

保险销售员甲："李先生，您好！我希望您可以买一份我们的保险，您看一下我们这份保险资料。"

客户："不好意思，我现在不需要保险。"

保险销售员甲："李先生，你这么说话可不对。谁能保证自己一辈子都顺顺畅畅的呢？是不是？万一哪天出点儿意外怎么办呢？所以说您还是买一份保险的好。"

客户："我说了不需要。还有，意外不是人人都会出的。"

这里，这个销售员就处理得不妥。使用坦诚的开场白方法一定要注意从客户的利益入手，只有客户认为他的利益得到了保障，而且你是去给他送利益的。那么事情就变得非常简单了。

保险销售员乙："李先生，您好！我是××保险公司的销售人员。"

客户："你是来向我推销保险的？"

保险销售员乙："是的，李先生。您一定也知道，每个人的一生都不是顺顺利利的，总会有意外发生。我们这份保险就是一份意外险，可以为您提供完善的保障……”

客户：“哦？是吗？有资料吗，我看看。”

销售员乙完成了这笔生意，原因就是他提出保险是为李先生的将来提供了保障，使李先生可以无后顾之忧。

开门见山地向客户表明你的目的，是在销售活动中最常用的一种开场白方式，也是销售人员使用最频繁的一种。虽然经常被使用，也不具什么新意，但是只要你掌握好方法和尺度，那么你也会取得非常好的业绩。不管什么时候，记住，从客户的利益出发永远没错。

直接说：我是来推销钞票的

前面介绍了很多种销售的开场白，每一种都很实用。上一节最后说到从客户的利益出发永远错不了，这是销售中的真理。有的销售员就又有问题了：为什么明明会给他们带来好处却也行不通呢？这就是说话方式的问题了，或许是表达得不清楚。你不如就直截了当地告诉他：我是来推销钞票的。

销售员：“总经理，您好！今天我来主要是来向您推销东西的。”

客户：“不好意思，我想我这里什么都不缺。”

销售员：“您误会了，我是来向您推销钞票的。”

客户（来了兴趣）：“钞票？怎么个推销法啊？”

销售员：“是这样的。您对贵公司的营业额特别看重是不是？”

客户：“那当然了。不过，这两者之间又有什么关系？”

销售员：“既然您看中营业额，那您看重的就是效益。这里是我们公司为客户准备的集中培训项目，目的就在于给客户带去更好的效益。如果您接受了我们的服务，那我不就是来给您推销钞票的吗？”

这位销售人员就在实践中很好地实施了这一点。让顾客从一开始就对他及他的产品产生浓厚的兴趣，那么兴趣有了，接下来的事情就简单多了。

还有一种情况就是，去公司拜访却遭到了前台或者秘书的阻拦，这个时候，直接告诉秘书就可以解决问题。

李明是一家大型家电公司的资深销售员。有一次，他去拜访一位商场的老总，希望可以给他们提供货源，达到双赢的目的。然而，一进到公司却遭到了前台的阻拦。

前台："先生，您好！请问您找谁？"

李明："我找你们总经理，要和他谈点儿事情。"

前台："请问您有预约吗？"

李明："没有。"

前台："不好意思，我们总经理不接见没有预约的客人。"

李明："没关系。麻烦帮我通报一声，就说我是来推销钞票的。"

前台："好的，您稍等。"

电话接通之后，商场的老总果然接见了李明。毕竟，谁也不会和钱过不去不是？

每一个销售人员，不论是资深的还是初入销售领域的，都会对见了客户说什么话感到为难和棘手。毕竟不是谁都愿意和陌生人打交道的。况且，即使是再老练的销售员，也很少有人认为自己对此胸有成竹，尤其是和陌生人谈话，更是会紧张。但是，这个问题不解决又是绝对不可以的，所以作为销售人员，从现在开始，准备好你的销售开场白。

关于开场白讲到这里，也就差不多了。这里说的都是一些技巧性的东西，其实最重要的还有一个因素，那就是你的个人魅力，这一点会在下一章里向大家说明。虽然这些开场白方式都是一些技巧性的东西，但是在工作中是不可缺少的。

这里谈到的技巧问题，还需要大家在自己的实际工作中去慢慢体会，找到真正适合自己的方式。不过，虽然需要自己去摸索，但是一些共性的问题还是要记住的。比如，在开始的时候就取得顾客的信任，顾客的信任是至关重要的。如果客户对你没有信任，那么即便你引起了他的注意，坦诚地说明了你的来意，他也不会买你的东西。

除了信任这一点，还有就是利益问题。我们都很清楚，利益问题既是客户关心的问题，也是销售人员作销售的目的所在。所以要在工作中考虑周全，既要给对方一定的好处，也要让自己不太吃亏，达到双赢才是最佳的结果。

第二章 Chapter 2

自我推销：形象话术

用语言塑造自己的品牌

现在市场上的营销理论多如牛毛，与此同时，营销专家也是层出不穷，但是不管这些理论的差别有多大，其中的一点“在推销产品之前先推销自己”，是几乎所有的营销专家都认同的观点。但是，推销自己不是一件容易的事情，需要在方方面面的细节上有周全的考虑，同时要主动塑造自己的“品牌”，也就是你自己的人格魅力。让顾客认同你的“品牌”，你才有可能借此达到你的销售目的。

在很多人的销售工作中，大家都感觉到有时候产品好像并不是那么重要，反而是自己的人格或者说话的方式更重要，其实这就是销售方式。事实也确实是这样的，在销售活动中，顾客无论是从心理上还是从视觉上首先接触的是推销者，接下来才是产品。换句话说，顾客只有从心里先接受了推销员本身，才有可能考虑推销员推销的产品，这也是很多营销专家的实践经验。因此，作为一个销售人员，如果不懂得推销自己，那必然是一个失败的销售人员，所以，必须学会推销自己。

那么，如何向别人推销自己呢？这也是销售人员面临的一大难题。接下来，就教你在销售中如何推销自己。

1. 说话要热情自然，自信大方

首先，推销自己要从进入客户视线的第一时间开始。这个第一时间，自然包括你的着装，但是着装方面只要干净整洁就行。在第一时间里，最为重要的就是在与顾客对话的过程中，说话要热情自然、自信大方，也就是相信自己。如果说话畏畏缩缩，不能顺畅地表达你的意思，顾客就不会对你有任何好感的。

一般在开始，销售人员向客户讲解时，一定要仪态大方、稳重亲切，这种零距离的沟通更要注重说话技巧。最好在谈话刚开始的短短几分钟内就抓住客户的心，给客户看到一个“亮点”。另外，语气声调要平和，合理恰当地使用专业用语，既不能太浅显显得自己很不专业，也不能太深奥，要做到让客户“闻过则鸣，闻之不忘”。

2. 在说话中彰显自己的人格魅力

有一句话说，一个人的富有程度不是看他拥有多少财富，而是看他人格上的魅力。同样，作为一名销售人员，必须明白：你向顾客推销的不仅仅是你手中的商品，更是一种精神，一种服务理念。在表达这个意思的过程中要让客户信任你，甚至是“爱上你”、“崇拜你”……只有这样，顾客才可能接受你，进而买你的产品。不过，这就需要你在谈话中懂得彰显自己的人格魅力。

这里强调的“塑造你自己的人格魅力”，是要求你会“说话”，懂得销售话术，在言谈中把你的人格魅力展现出来。

有的销售人员不懂得推销自己的重要性，常常是产品很好却卖不出去。譬如说一位顾客很喜欢你所销售的汽车，而他也正想要买一辆这款的车，是不是这笔生意就一定谈成了？当然不是！他首先得喜欢你这个人，如果你这个人给他的感觉不好，那他也不会买你的东西的。或许如果他非常想买的话，就去找其他的销售人员了。所以推销自己在销售过程中是很重要的，作为销售人员不应该也不能忽视这个问题。

语言要有亲和力

不论什么时候与什么人进行沟通交流，给对方的印象中除了第一眼的形象外，再就是传到对方耳朵里的声音。不同的声音带给人的感觉是不一样的，会带给人们不同的情感体验。塑造一个好听的声音，对于销售业绩的提高也是有很大帮助的。那么，如何塑造一个好听的声音呢？

一个好听的声音包括以下几个特点，在平时的话术练习过程中要注意这几点。

1. 语速语调要与对方合拍

影响语言表达效果的因素中，语速和语调是很重要的两个方面。语速的快慢会影响客户接受信息的质量，语速过快会导致客户听不清楚，或者听清楚了短时间内反映不过来；而语速若过慢的话，对方很可能会注意力不集中，引不起兴趣。所以在对话中要注意语速的问题，不能过快也不能过慢，与客户的说话语速保持一致最为恰当。

而合适的语调应该是抑、扬、顿、挫，在自然、平和中求变化，不给人机械化的感觉。如果声调过于平淡无奇，或者过于油腔滑调，那都是会惹人讨厌的，不会给工作带来什么好处。总地来说，语速语调与客户保持一致，可以加深亲切感，大大增加成功的几率。

2. 发音准确，表达清晰

销售人员首先要说标准的普通话。在对话过程中得让对方听得明白，不宜说方言或者方言味儿很浓的普通话，这样会给人一种很不专业的印象，同时会彼此产生隔阂。还有最重要的一点就是说话要有中心思想，不能表达得毫无逻辑，让听者晕头转向。有的销售人员普通话不达标，表达没有逻辑性，所以很影响个人业绩。作为销售人员，平时就应该多练习，通过录音和与同事互相帮助的方式，让自己的声音听起来完美无缺，为工作打下良好的基础。

3. 用声音传达你快乐的情绪

声音是可以传达出一个人情绪的好坏的。在工作中，不论你做的是什么工作，保持一种积极的情绪是非常重要的。一个人情绪的表达方式又是多种多样的，笑就是其中的一种。所以，要想表达出一种积极的情绪，那就记得要笑。声音里带上笑容，并且笑出一定的声音来，在人际交往中是很具有杀伤力的。而且，在与人交流中，要保持热情，热情的人一般情况下不太会碰壁。但切记，过分热情会让人觉得虚假，反而适得其反，起不到应有的作用。

4. 保持恰当的节奏和音量

很多销售人员在与客户的交流过程中，没有注意到语速节奏和音量的问题，这同样不可忽视。节奏过快、中间没有停顿的谈话会使客户反应不过来，而节奏过慢又会让人很难有耐心去听完。保持一个合适的说话节奏，会使客户感到舒服，比较容易接受并且会比较容易参与到谈话中。而音量的问题也是销售人员需要注意的一个大问题。在说话过程中，音量过大会使人心情烦躁，而音量过小又会导致听不清楚，给人一种不自信的感觉，这样更不利于销售的成功。所以在对话当中，注意停顿，保持一个合适的音量，对于销售的顺利进行是很有帮助的。

让客户记住你的姓名

销售人员向客户推销产品，同时也在推销你自己，这一点在前一章节已经讲过了。那么，推销自己除了顾客首先看到、听到的形象和声音外，其次就是销售人员的名字了。如果客户记不住你的名字，那么就说明你的这次销售无论结果如何都是失败的。如何让顾客在喜欢你的同时又能很快地记住你的名字呢？那就要在介绍自己的这个环节，力求做到新颖、独特、有创意，只有你的名字吸引了顾客，顾客才会记住。

1. 介绍自己的名字要新颖独特

您好！我是中国最大的人寿保险公司，中国人寿保险公司石家庄分公司的销售人员申立青。您可以这样记我的名字："申"是申请的申，"立"是站立的立，"青"是青草的青，全名就是申立青。为了方便记忆，您可以记成谐音："绅士力求清白"，这样就比较容易记住了。我是保险公司的销售人员，专职作保险推销，给千家万户送去保障。同时我也是保险公司的售后服务员，专门为顾客排忧解难，解决各种困难问题。总之，我是大家的一名服务员，希望能够记住我的名字：我叫申立青，保险公司的销售人员。

以上这名销售人员显然是掌握了我们所说的技巧，但有的销售人员可能就有问题了，如果自己的名字很平常，诸如张三李四之类的，那又该如何去介绍呢？如果是很拗口的名字，顾客就是记不住怎么办？其实这些都不是问题，问题就在于你能够找出一种方式，对你的名字加以解释，使它方便别人记忆的同时，又感觉有趣。

“您好！我叫王三，是××软件公司的销售人员。我的名字很好记：王就是那个最普遍的王，三就是最普通的一二三的那个三。我的名字笔画里只有一个竖，所以大家都叫我‘一竖王三’，您如果不介意的话，就可以这样叫我。”

“李太太，您好！我是××化妆品公司的销售人员，我叫李红，最普通的李，最鲜艳的红。红色代表着热情，所以我对工作、对顾客都抱有极大的热情，能够在最短的时间内给您提供帮助并提出问题的解决方案。”

2. 要反复强调，加强顾客的记忆

在向顾客介绍自己姓名的时候，新颖独特固然很重要，但另外还需要注意的一点就是要适时地反复强调，加强顾客的记忆。

在世界上几十亿的人当中，有的人记忆力非常好，但其中有一部分人，不能说是天赋的问题，但就是在记东西这方面很欠缺。在你用很新奇独特的方式介绍了自己之后，或许他还是记不住。在这时候，千万不能因此而气馁，你接下来所要做的就是在不引起顾客反感的情况下反复强调，直到他记住为止。

3. 语速适中，语言清晰

在进行自我销售的过程中，只做到以上两点还是不够的，同样要注意语速和表达清楚的问题。任何交流都是双方的互动，如果一方听不清楚另一方在说什么，这一次的交流就是失败的。所以，在

向对方介绍自己的时候，一定要保证语言清晰，让对方知道你在说什么，不能含混不清。另外需要注意的还有，语速不宜过快也不宜过慢，一般情况下要与对方保持一致，这样才能获得对方的好感，同时，让对方记住自己，从而为下次的接触做好铺垫。以下就是一个很好的案例，可以看一下。

“大家好！我是周江涛，是××软件公司的专职销售人员。为了方便记忆，我一般情况下会这样向大家介绍我的名字：‘周’大家知道吧，就是周期的周，‘江涛’就是大海里的波浪，所以呢，我就是大海里周期性的江涛，涨潮落潮。但是我本人却不是周期性的，不论是在情绪方面还是在专业方面。我不仅在情绪方面做自己的主人，而且在自己的业务上，已做到了软件业务员中的高级主任，并且除此之外，在团队经营中，做到了分公司经理；同时，我还是我们公司的兼职讲师。本人拥有业务经验、团队管理上的经验，此外还会讲授营销课程。有的人说‘取得成功最简单有效的方法，就是学习、交流、模仿和创造；成功最快的方法，就是复制成功者成功的方法。’我或许算不上是这一行业的成功者，但是我可以把无形的商品卖得有声有色，可以说已基本掌握了一些推销的经验和智慧。贵单位如果选择我们作为合作伙伴，我不但可以在业务上为贵单位提供支持，同时在业务员的训练和培训上，我也可以为您们提供大力的帮助。所以说，您选择我是不会错的，如果您今天给我一个为贵单位服务的机会，那么明天，我将会回报您一个意想不到的惊喜！我再次恳切地希望可以为您们和您们的公司服务。最后，谢谢大家！我是避免周期性涨潮落潮的周江涛，您忠实的服务者和合作伙伴。”

让对方接受你

销售产品其实也是在销售你自己，这句话一点儿也不错。所谓的销售你自己，就是让对方接受你，那么如何让对方接受你就成为了问题的关键。

美国著名的销售大师剀比特说：“每个人讲话的力量都是巨大的，他能把不可能变成可能，把不利变成有利。”

世界上的人口有几十亿，每个人对于别人说的话都有不同的接受方式，所以要让不同的人接受你，就要了解不同类型顾客的接受方式。了解了这些，再根据他们的方式调整自己的战略，完善自己的话术，进而达到销售的目的。

1. 面对炫耀型顾客：话语上要顺从

炫耀型顾客又分低调无意识炫耀型和高调有意识炫耀型两种。无意识炫耀型顾客就是那种天生就有炫耀的资本、根本没必要去向别人炫耀的人，但是从其穿着打扮上便可看出来。而有意识炫耀的一般都是不太富有的，只是爱面子而已。

面对前一种顾客，他们财力上是没有问题的，不需要去挖掘他们的需求。所以在打交道过程中，满足他们的需求，一般情况下就可以成交了。

但是后一种顾客，需要你在沟通中给足他们面子，不能让他们下不来台。只有给足了面子，他们才有可能接受你，进而接受你的产品。

他们爱炫耀，那就给他们机会。附和、恭维在这里是很关键的。你说话的语气一定要真诚，要相信他们有实力。你不妨告诉这类人：

“我们这款产品可不是什么人都能得到的，我们的推销也是分对象的”，然后在接近成交的时候说：“您可以先付定金，剩下的可以改天取货的时候再带过来。”用这种方式来满足他们的虚荣心，让他们想不买都难。

2. 面对活泼型顾客：聆听是最好的话术

活泼型的客户喜欢引经据典、侃侃而谈，而这时候，作为销售人员，你最需要的就是做一个积极的聆听者，以此来满足他们表现的欲望。这个时候，如果你表现出对他们所讲的话题很感兴趣，那在对方有受重视的感觉的同时，也就接受了你。

所以，在向这类人推销产品的时候，要避免与之发生争辩，要协商细节，同时探求他们心里的需求。在赞同他们观点的同时，可以用征求的口吻去问，比如说：“我听您的意思是这样讲的……您是这个意思吗？”切记，万不能给他们有任何压迫感，一定要让他们在购买环境中感到舒适。

3. 面对友善型顾客：温和地进行讲说

面对友善型的顾客，你不可以大声说话，因为对方是性格很温和的人，所以他们同样希望他们所接触到的也是这样的人。性格温和的人不喜欢吵闹的环境，所以如果高声说话可能会招致他们反感。

另外，他们天生不易兴奋，一般与世无争，性格也是较为沉静达观。所以他们不会主动去表现自我，但是在他们的内心深处却又非常渴望得到别人的认同。因此，如果与这一类型顾客进行沟通，就一定要善于发掘他们的优点，让他们产生一种被尊重、有价值的感觉，这样才可以让他们接受你。

4. 面对逻辑型顾客：多说一些证据

逻辑型的顾客一般都要求完美，善长逻辑推理。所以在与他们进行沟通的时候，不能说太多的话，否则会适得其反。虽然话不能太多，但是却必须要严谨和准确，否则他们可能会拒绝你所有的推荐。

因为他们非常重视逻辑、凡事又都喜欢精益求精，所以，千万不能在逻辑型的顾客面前过分夸赞你所销售的产品和服务有多好，这样会给他们发现错误的机会。相反地，销售人员应该多向他们出示证据，证明你所说的合理性。数据和证据对于逻辑型的人来说，最具有说服力。

“我们很骄傲”的话术

人们常说：“推销产品首先是推销自己”，我们都很认同这个观点。但是有人却认为，对于小商品来说有可能是这样，但对于大商品的销售，人们更看重的是你的公司以及你背后的信誉系统和品牌。其实不然，作为一个推销员，任何时候推销产品，首先推销的都是自己。即便你是一个大公司的销售人员，如果你没有良好的职业素养，不使用好的表达方式，那也是没有办法做一个成功的销售者的。

有这样一个案例。

孙芳是某大型儿童玩具公司的销售人员，负责在卖场卖产品。但是她算不上是一个很敬业的销售人员，因为她经常在工作时间接打私人电话，工作还不专心。

顾客：“你好！我想问一下你们这儿有没有儿童玩具？”

孙芳：“我们这儿可是国际大牌子，怎么可能没有呢！您真好笑！”

顾客：“那既然这样，给我看一个卖得最好的吧。”

孙芳：“我们这儿都是卖得很好的，没有最好之分。”

顾客：“那适合两三周岁的小男孩玩儿的你给我看看。”

孙芳：“先等会儿，我接个电话。”

（十分钟过去了）

顾客：“小姐，你还卖东西吗？”

孙芳（不情愿的挂掉了电话）：“当然卖啊，你刚说要什么？”

当然，这个故事最后的结果自然是没谈成。其实，案例中的顾客是给朋友的孩子买生日礼物，因为没接触过，所以从网上查到了这家大品牌。这次失败的原因就是由于销售人员的综合素质太低，不会使用话术。

那么，作为一个品牌公司的销售人员，公司的声誉只是你创造良好业绩的前提条件，成功的关键在于你是否是一个智慧、勤勉、敬业的销售人员，是否懂得利用公司的声誉和背景为自己增加优势，成功销售自己。只有依靠了公司的信誉，依靠自己勤奋、努力，才能有很好的业绩。

而借用公司在市场上已形成的信誉，也是有很多方法的。

假如你的公司在市场上已经存在很多年了，其实一句话就可以证明你有能力也有优势给顾客提供服务。

“我们很骄傲地为市民服务了××年了。”

“我们很骄傲我们所做的一切，30年来，我们为300多家企业作过职工培训和将近400家企业作过业务咨询。”

其实就这样的一句话就够了，一句话就能证明你的优势，就很好地推销了你自己。

但是还存在着另外一种情况，就是所在的公司知名度不高，市场还没有完全打开。这种情况下，销售人员就不要指望依靠公司的信誉度了，依靠自己、推销自己才是明智的选择。在这种情况下，除了前几节讲的几种可用的方式，还有就是利用自己服务过的客人数量来作自我推销。

曾经有一位销售人员这样对顾客作自我介绍：

“我很骄傲我已经服务了1000名顾客。”

这句话产生的效果：顾客此时不太会关心你的公司如何如何，或者是你以前都在哪里推销过什么东西，而是关心你这个人本身。你的信誉好，所以才会有那么多的顾客，而不应该是你所在的公司或者产品的优势。在这里，所有的优势就都转化成了你自身的因素，因此你已经成功地把自己推销出去了。

所以，无论你是大公司的销售人员还是小公司的销售人员，都要懂得利用你自身的信誉去推销。一定要记住，在销售中，只有公司和产品的信誉是不够的，因为顾客最先接受的是你自己。

说好每一句话

推销自我，不是一件很容易的事情，除了自身必须具备良好的综合素质之外，还要懂得说好每一句话。在与客户交流的过程当中，开场、过程、结局，每一个环节都很重要。一个环节如果协调不好，一句话说得不好，都会影响你的自我推销和产品的销售。所以要想实现自我推销，先要学会说好每一句话。

1. 开场的话如何说

一个好的开场白应该如何开始，这一点在上一章中已经讲过。但是只知道如何开始还不够，还要知道在开场白中如何用更好的话术表达出想要传达的意思。也就是说，作为销售人员，要懂得如何把握机会。

首先，在开场白中准确称呼对方和进行自我介绍是必不可少的。接下来，关于产品向客户说的第一句话该怎样说呢？通常，销售人员对客户进行产品的推销，都会先问客户需要不需要。这一句话该如何说好呢？

有一个案例供大家参考。

××豆浆机公司的三个销售人员同时到一个小区上门推销该公司的产品，他们都分别敲开了住户的门，见到了陌生的主人。

推销员 A 说：“您的家里有高级豆浆机吗？”

推销员 B 说：“我来是想问一下，您现在是否愿意购买一个新型的豆浆机。”

推销员 C 说：“您家里需要一个豆浆机吗？”

这里的三个人谁会成功呢？也许你会觉得 B 和 C 的问话更直截了当，但其实 A 的第一句话实际上却是最好的。对于 A 的问法，顾客的回答只会是“有”还是“没有”；另外，A 销售员并没有问客户买还是不买，不存在立刻就被客户拒绝的可能性，这样就有了继续交谈的机会。而 B 和 C 却是站在一个销售员的立场上向顾客提问的，结果就是被顾客直截了当地说“不需要”，从而被拒之门外。

2. 过程中如何说话

用第一句话获得继续对话的可能之后，接下来就是谈话过程中如何去说服顾客。这个说服的过程，最根本的目的还是让顾客接受你，从而接受你的产品，所以要注意自己的仪态和说话方式。

在与客户洽谈的过程中，不可避免地会受到外界的干扰，尤其是与大客户进行交流的时候。大公司的老总往往很忙，能抽出时间来接见销售人员已经不容易了。所以，这个时候就需要销售人员想方设法，在谈话过程中尽量使客户的注意力集中，这样才能达到一个好的效果。

王冰是一家管理咨询公司的业务员。一天，他去拜访一位大公司的经理，希望可以达成一笔生意。但在交谈过程中，因为经理非常忙，谈话屡次被打断。这时王冰想出了一个好主意，当干扰因素一结束，随之他会问经理一句话：“哎，刚刚我们讲到哪儿了？”

在沟通受到外界干扰以后，最好向客户提一个类似这样的问题，目的是为了检查一下客户是否已经忘记了所谈之处。这样可以促使客户作出某种反应，而接着前面的话题继续交谈下去。如果你发现客户注意力不集中，在这种情况下应该抑制自己的情绪，不要急燥，并且说话嗓音要柔和、适中。在你讲话的时候，要懂得作适当地停顿，但是这种停顿最好短促、突然、出人意料，因为停顿得越突然，效果往往越好，并且能很好地吸引顾客的注意力。

3. 完美结局的话术

有这样一种情况，销售人员与客户进行沟通的开始和过程都非常顺利，这一单生意似乎就要做成了，但客户最后却来了一句：“谢谢你的产品和你的服务，不过我最近还暂时不需要。”这种情况是不是让人很生气？应该知道，作为销售人员，不论遇到什么样的情况，都不能对客户发火，始终要保持微笑。

如果遇到这种情况，客户告诉你他现在不需要你销售的产品，或者是计划在以后需要的时候再联系你时，你可以用这样的话术来回答顾客：“嗯，我了解。我今天只是想给您提供一些信息，让您对这个产品有个大致的了解。当您将来一旦需要这些设备时，就可以做到心中有数了。”或者说：“这只是为您提供了一些资料，您如果现在还不需要，可以先把这些资料保存起来，需要时再行查阅。”在业务洽淡时，不要对客户的反对意见随意进行反驳，对客户提出的问题要认真对待，万不可应付、敷衍搪塞，这是很重要的一点。

第三章 Chapter 3

恭维也讲究策略：赞美话术

语言赞美不能吝啬

这个世界上有一个道理大家都不会反驳，那就是真诚的赞美是生活的调味剂。我们每个人生活在这个世界上，都是喜欢听好话。即便是亲朋好友提意见也会是比较委婉的，不会直截了当地告诉你。那么在销售中，适当地赞美你的顾客就是屡试不爽的秘密武器。

玛丽凯是美国的一名著名女企业家，她曾说过："世界上有两样东西比金钱更为人们所需要——认可与赞美。"

可以说赞美是沟通过程中的润滑剂，如果能够善用赞美，那么你与别人的沟通会更加流畅。除此之外，真诚的赞美和善意的欣赏是打动人心的最好办法。

某大型网络公司有一名女清洁工。每天她在劳动的时候都是那个最易被人忽视，被人看不起的人。但是，她却在一天晚上公司保险箱被窃时，与小偷进行了殊死搏斗，最终为公司保住了财产。

后来，媒体采访时问她"动机和勇气从哪儿来"时，她的答案却出乎所有人的预料。她说："总经理每次从我身边走过时，都会停下对我说：'阿姨，您扫的地真干净，辛苦您了！'"

其实就是这么简简单单的一句话，便使这个员工受到了鼓励，并在关键时候挺身而出，为公司作出贡献。

所以说，不要吝啬你的赞美。每一个人都有很强的自尊心和荣誉感，我们对他人真诚的表扬与赞同，就是对他人价值的最好认可。对朋友是这样，对顾客更是这样。

请看下面的案例。

顾客："请问你们这儿有没有进口的××护肤品？"

店员："小姐，您真注意保养皮肤，怪不得皮肤那么好呢。我们这儿有与您说的相同效果的护肤品，但没有您说的那种。"

顾客："那太可惜了，那款产品效果很好的，而且在国外也很有名。你们怎么不进点儿货呢？"

店员："嗯，是这样的。以前我也是用从外国进口的护肤品，虽然价格贵点儿，但效果确实不错。不过后来我听说我们店里这一款效果也很好，而且买进口的也不方便，所以就用我们这一款了。"

顾客："这样啊，那你拿给我看看吧。"

店员："好的，给您。我给您介绍一下，不买也没关系的。"

这单生意的结果自然是成功的。这里的关键就在于店员对顾客的赞美与认同，只有让顾客高兴了，他(她)才有可能买你的产品。

现代心理学家的研究表明，渴望赞美的需求愈强烈，赞美他们所起的作用越大。而一般人都喜欢在众人面前被别人赞美，所以人越多的时候，恰当的赞美越有效。

在向顾客推销的时候，只就产品作详尽的介绍是没有用的，要找出顾客身上的优点并竭尽所能地赞美他们，让他们知道"你知道他们有多好"才是销售成功的关键。而且，一旦客户愿意购买，就会带动他们所认识的人也去买，对销售人员来说，通过赞美争取到老顾客，并由老顾客带来新顾客给你，这是很明智的做法。

另外，不论是社会上的哪类人，在生活中一般都会追求两种层面的满足：一种是物质层面的，另外一种就是精神层面的——希望得到别人的认同、肯定。同时社会上又有一些人，他们重视自己的家人及朋友，希望给他们更好的生活，尤其在外人面前表现出自己对家人的关心、爱护，由此获得别人的赞许，这对他们来说是一种极大的精神满足。

如果销售人员能够很好地把握这一点，强调客户的自我价值，赞美他们对他人的贡献，并且肯定他们的成就，这样，在让顾客高兴的同时，也为他们购买产品找到了充分的理由。

在一个家居生活体验馆里，一位先生带着妻子和女儿，听着销售代表的介绍。他已经看中了其中的一种卫浴设计，但感觉价格有点高。

他慢条斯理地说："有点儿太贵了，我们买房子和装修已经花了很多钱，一下子拿不出那么多钱来。"打算打同情牌，看看对方愿不愿意降价。

"其实这款和其他的比起来，算便宜了。以它的配件、材质、性能来看，这个价格可以算是物超所值了。而且，你想装修成这种样式，一定是为了让妻子和女儿享受更高的生活质量！像你这样有品位的男人，值得用这样高品质的产品。"

听到销售员的这番话，加上看到一旁的妻子频频点头，这位顾客瞬间下定了决心。这单生意就算谈成了。

所以说，赞美是屡试不爽的秘密武器。销售人员，不要吝啬，运用你的赞美之词吧，你将收获成功。

恭维要适度

1. 要根据事实

常言道："良言一句三冬暖，恶语伤人六月寒"。这是说人在什么情况下都希望听到赞美之类的言语，而不是言辞激烈的嘲讽和反驳之语。虽然中国人大多都不习惯当面对别人表达赞美，但对于别人真诚的赞美自己内心还是很受用的。在平时工作和生活中，尤其在销售工作中，赞美客户就显得尤为重要了。

但要注意的是，赞美对方的时候，一定要根据事实，然后在事实的基础上去适当地夸大。这样的恭维和赞美不会显得突兀、尴尬，也比较易于让对方接受。如果不根据事实，而只是进行不切实际的夸赞，反而会适得其反。

这里有这样一个案例。

小张是一名服装店的导购，但业绩一直不太好。原来问题就出在她的待人接物上。一次两名女顾客来店里看衣服，一名高高瘦瘦，一名稍有点儿矮，腿型也不好看。当矮个子女顾客试衣服的时候，小张说："您看您穿上这件衣服多好看呐，显的腿好直啊！"不料顾客脱下衣服就走了。小张自以为赞美能帮助销售，却得罪了顾客。

小张的错就在于恭维得过于虚假，让顾客听了不像是赞美更像是讽刺，不仅生意没做成，还得罪了顾客，甚至于牵连了潜在的顾客。所以，找准恭维的点最重要。

2. 学会对症下药

赞美也是需要技巧的，每个人值得赞美的地方都有很多，比如容貌、体型、声音、性格，等等。针对不同的人赞美的点不同，声音好听的就赞美声音，容貌好看的就赞美容貌，性格比较惹人喜欢的就赞美性格，这样才能广结善缘，博得大家的欢心。

在销售工作中更是要这样，找到打动客户的切入点进行相应的赞美，这样才能博得客户的好感，进而促成销售。

销售人员孙林想向一位老总推销产品，但是听说这位老总平时待人总是冷冰冰的，给人一种拒人于千里之外的印象。所以，很少有推销员乐于去攻下这个“堡垒”。孙林在了解了基本情况之后，与这位老总见了面：“李总，我老听同行提起您，说您有魄力，人爽快，而且还很照顾像我们这样的人。这次能够和您见面是我的荣幸。”李总听完了这番话，露出了笑容。这单生意的结果就不言而喻了。

孙林的成功之处就在于找准了赞美顾客的切入点，正确地恭维了客户。如果不知道从哪方面对客户进行赞美的话，不妨考虑以下几个方面。

对客户的公司进行赞美：“一直就想有机会向您这样的大公司进行学习，没想到今天机会终于来了”“您的公司不愧是行业的泰斗，太棒了”“像您这样的单位，我可是仰慕已久了”等等。

对客户亲近的人表示赞美：“您妻子真漂亮”“我家的孩子要是有您的孩子这么可爱就好了”等等。

也可以对客户所在环境进行赞美：“您办公室的设计很独特，很有品位”“您公司所在位置环境真好”等等。

对客户的想法进行赞美也是一种很不错的方法。“原来问题这么简单就解决了，不愧是行业的翘楚”“听君一席话，胜读十年书啊”“您说的太有道理了”等等。

只要你认真去寻找，总能发现客户身上的可赞美之处，然后用心真诚地表达出来，那么成功就离你不远了。

3. 要学会说话

知道如何去发现客户的优点还不够，还要学会怎样把它正确地表达出来。只有说话方式正确，才有可能获得想要的效果。如果话题正确、心态诚恳，但是在表达上面有问题，那么在“学会说话”这方面还是有待提高的。

对客户进行恭维要学会适可而止，不能一味地喋喋不休。任何有新意的赞美重复三遍以上，纵然你的心再诚恳，都会让听者感到厌烦与虚伪。另外，说话的时候不能表现得过于热情，不然就会让对方觉得你是在拍马屁，而不是真心实意的赞美了。还有最重要的一个方面就是说话的方式问题，在赞美过程中不要强调对方所得到的结果，而是要重点赞美他所付出的过程，这样才会显得的更加真诚。

在夸奖一个人所取得的成果时，“真不错，你一定付出了很多的心血吧”比单纯的夸奖他所取得的成果要好得多。如果只是强调结果，对方肯定会想：“如果我没有获得好结果，她是不是就不会夸奖我了？”而前者就不会出现这种问题，因为注重的是过程。

赞美是销售活动中必不可少的工具，销售人员在进行销售的时候一定不要忘了这一点。认真去寻找，选择一个合适的表达方式，然后用真诚的心把它表达出来，争取做到恰到好处。这样，你的客户会很容易喜欢上你，你的业绩也会很快得到提高。

赞美的语言要有新意

赞美的话任何人都愿意听，这是毋庸置疑的。赞美要符合事实，这也是大多数人都知道的。不过，赞美的话不是谁都能说好的，只知道以上一两点是远远不够的。试想一下，如果你的赞美太过于普通，不但没有让听者感到高兴，甚至会让人觉得听这样的赞美等于浪费时间。陈词滥调、人云亦云或者不着边际的赞叹只会惹人生厌，赞美的直接目的是让对方高兴，如果你想做一个成功的销售人员的话，起码要会说赞美的话。

以下这两种赞美方式，相信你一定能看出来哪个比较好。

“李总，您这办公室真豪华。”

“李总，您的办公室装修的很有个性啊，特别能彰显您的气质和生活品味。”

显然，第二种比较好。原因就是第一种说法太普遍了，因为办公室装修豪华是一眼就能看出来的，肯定有很多人都已经说过了，而第二种说法就比较有新意了，不但赞美了办公室，还连带着赞美了主人。

大科学家爱因斯坦曾说过，如果有人赞美他思维能力强、有创新精神，他一点都不觉得新鲜，也一点都不激动。因为作为科学家，这类话他听腻了，但如果有谁赞美他小提琴拉得棒，他一定会兴高采烈。因此，作为销售人员，赞美顾客时候顾客一定要有新意，不要千篇一律地去赞美。让顾客得到一些新的、以前没有听到过的肯定，这样效果会更好。比如说，我们一般对漂亮的女孩赞美都是说美丽，而你却要说她有气质、有内涵；而对于商业界的成功人士，你除了称赞他事业有成，还应该赞美他彬彬有礼；而对于老年人来说，儿女孝顺固然重要，但如果你夸赞他身体硬朗、精神抖擞并且思想开放，他一定无比的高兴。让你面前的每位顾客都能听到新颖独特，与众不同的赞美，那你离成功就不远啦！

赞美顾客要有新意，具体到赞美的时候，这个新意除了体现在赞美的方向有新意之外，还要具体。空泛的赞美是打动不了人的。

赞美也是讲究技巧的，那就是具体化。要知道，当你夸一个人“真棒”“真漂亮”的时候，他内心深处立刻就会有一种心里期待，那就是想听听下文，以求证实："我棒在哪里?""我漂亮在哪里?"如果这个时候你下面没有具体的表述，让人失望就是在所难免的了。而且，极有可能会被人认为是虚伪。

如果要夸奖一个人演讲很棒，一句"你真棒"远不如说："你的演讲非常有思想性，特别是那句……"这样，对方才会认为你对他的演讲才华是真实的肯定，而不是拍马屁。赞美一位女士："你太漂亮了。"不如说："你长得很漂亮，尤其是你的眼睛很亮，皮肤又白，身材高挑，不说普通人，就是在美女群中也很抢眼……"

所以，作为销售人员，在赞美顾客时，一定要具体，杜绝空泛、含糊的赞美。要有意识地说出具体的内容来，好的赞美往往是具体的且影响力也是最大的。另外，注重细节的赞美也是具体的赞美中的一种，在平时与顾客的交流中也要注意。

从否定到肯定，又是一种新颖独特的赞美手法。在语文写作和说话中我们都知道，"欲扬先抑"的方式会使所要表达意思的效果更好，在销售中这个道理同样适用。想要赞美一个顾客，不是先要贬低他，而是用说话的方式去"抑"，再用语言去"扬"。

你可以用心体会一下以下两组话表达效果的对比。比如，面对一个正在试戴手表的顾客："太太，您真有眼光，戴着真漂亮!"远不如"我从来不知道这款手表会有人佩戴着如此漂亮！太太，您真有眼光"这句话表达的效果好。又比如说"我真佩服您"和"我很少佩服别人，但您是个例外"两句话的表达效果。

七成真实，符合话题

1. 赞美保留七分真

奉承话怎么说，这确实是一门学问。真实性固然很重要，但这当中最重要的是“虚实结合”，并且理由充分。

赞美如果没有事实做根据，就会被人认为是“拍马屁”，而“拍马屁”最忌讳的就是毫无根据地奉承一个人。没根据的赞美之词会让客户觉得你不实在，靠不住，是个油嘴滑舌不诚实的人。一旦他们发现了你的“小诡计”，就必然会触发他们的防范心理，从而导致正在谈着的生意陷入僵局。所以，销售人员在对客户说奉承话的时候，要把握好分寸，既要根据事实，也要有个“度”，否则就过犹不及了。

前面讲了对别人进行赞美要根据事实，不真实的赞美会引起别人的反感，这一点是很正确的，也是必须要记住的。但是在具体的赞美中，却也不能只是完完全全地把事实表达出来，而是应该根据“七分真实”的原则。在对客户进行赞美时，保留七分的真实三分的水分，这才是恰到好处的。

有这样一个案例。

在一个销售整体橱柜的店里，一位顾客在一款橱柜面前看了良久。销售人员小王走过去说：“先生，您真有眼光，这一款整体橱柜的销售额是这个月的冠军。”顾客问道：“多少钱？”小王说：“这款橱柜折后的价格是……”顾客说：“有点儿贵啊！还能再便宜点儿吗？”小王问道：“您家在哪个小区？”顾客说道：“城市人家。”小王接着说：“城市人家小区环境非常好，空气清新，交通又方便还紧邻市中心。您住这么好的小区就不在乎这几个钱了吧。不过我们这款产品正在包括您那个小区在内的几个小区做团购促销的活动。现在还差四个名额。”顾客很感兴趣：“哦？那名额什么时候能够凑齐呢？”小王说：“这样吧，您可以先交定金，我们给您留一个名额，等名额凑齐了就可以了。”

就这样，一周之后，这笔生意就成功了。

在这个案例中，小王就运用了七分真实的原则，赢得了顾客的订单。顾客所在的城市人家那个小区，或许环境比较好，或许交通比较便利而且紧邻市中心，但一般情况下这几种条件不太会在一个小区里同时实现。但如果实话实说，说小区绿化面积太少，交通拥挤，那么，肯定会让顾客反感，这笔生意也就谈不成了。

在进行赞美的时候，只要不是涉及客户本身的，可以有适当的水分。在上面这个案例中，小王所说的这款销售额冠军，就极有可能是假的信息。顾客看上的这款橱柜不一定是本月的销售额冠军，还有可能是销售最差的。但是，说成是销售额冠军顾客爱听，这是对顾客购物能力的赞美，但是这个赞美的真实度是打折扣的。所以在具体的销售中，适当的水分还是可以存在的，只是这水分不要太具有欺骗性。

2. 奉承要符合当下话题

不论什么时候的奉承，都要与当下所谈论的话题有关。如果所恭维的内容与当下的场景不相符合，那么不仅不会起到什么作用，还会招致对方的厌烦。你不能在顾客想买你的鞋子的时候大谈他的性格有多好，不能在对方想买车子的时候，你却夸奖他的衣服……这种情况下，只会让客户觉得你没有专注于他的需求，从而谈不成这笔生意。

一个服装店里，一位女顾客在试衣服，导购小赵却一直在夸顾客的包包。

“小姐，您背的这个包真好看！”

“哦，是吗？请你帮我拿那件同样款式的小一号的衣服来吧。”

“来，给您。您那包从哪儿买的啊？”

“商场里。这款衣服蓝色的还有吗？”

“啊？哦，我给你看看。”

结果这次交易就失败了。这就是没有找对赞美的切入点，不符合当下话题的结果。

赞美要选对目标

前面讲了赞美顾客要适度，要有新意，要真实，这些都是在实践中需要注意的。但是在赞美的过程中，还要注意选对目标。如果前面的几点都做到了，可是却选择错了目标，那就白努力了。

销售人员在对顾客进行赞美的时候，必须选择适当的目标加以赞美，不然很有可能会适得其反。具体来讲就是，若客户非常讲究穿着，你可以向他请教如何搭配衣服；如果客户是大型知名公司的员工，你可表示羡慕他能在这么好的公司上班，有良好的办公环境和晋升机会。另一方面，如果要赞扬的是个体顾客，那么个人的外貌、穿着打扮、举止谈吐、风度气质、才华成就、家庭环境、亲戚朋友等，都可以成为你赞美的对象。如果是团体顾客的话，除了上述赞美目标之外，企业名称、规模、产品质量、服务态度、经营业绩等，也可以作为赞美对象。不过，在进行赞美的时候，不论是赞美个人还是赞美集体，不论是赞美人物还是赞美事物，都应该选择最佳赞美目标。如果销售员不尊重事实，胡吹乱捧，则必将弄巧成拙。在实践中，销售人员尤其应该注意分析所处的周围环境与氛围，认真进行准备，一定不要因为弄错赞美目标而使生意失败。

小孙是一位销售啤酒的销售人员，一天他去一家刚开业不久的小饭店洽谈生意，服务员领他去见饭店老板。当时，这位饭店老板正在与员工包饺子，小孙见状，微笑着走上前去。

小孙："老板，您好，呵，连您都亲自上阵忙活了，看来贵店的生意挺红火呀!”

客户:“还好、还好!也就那样吧。”

小孙:“嗯,您这厨房收拾得太亮堂、太干净了,难怪人们都愿意来这儿吃饭呢!要是我离这儿近,我得天天来。”

客户:“谢谢老弟这么夸奖,呵呵,看来我这装修费没白花呀!”

小孙:“是啊,真不错啊。”

客户:“哦,对了,你是做什么的?来找我有什么事情?”

小孙:“我是……”

小孙把来意说明白了,买卖成交也就顺理成章了。

这里就是一个选对赞美目标的案例。刚开业的饭店老板在意的肯定是饭店的生意如何,人们对他饭店的评价又如何。而自己的穿着打扮、饮食起居就成了次要的了。如果这时小孙赞美的是老板穿着的衣服,或者是别的一些跟饭店无关的方面,估计得到的就不是这个结果了。这里就体现出了选对赞美目标的重要性。

在进行赞美的时候,还要先弄清楚顾客相互之间的关系。不一定一男一女在一起就是情侣,还有可能是兄妹;不一定一大一小两个人在一起就是母子或母女,还有可能是朋友的孩子。所以在赞美顾客之前,一定要先弄清楚他们之间的关系,避免因为闹不清楚状况,胡乱赞美而惹人反感,不仅生意做不成还弄出笑话。

小王和小李是好朋友,她们各自都有小孩。小王的孩子是个女儿,而小李的孩子是个儿子。有趣的是小王恰恰喜欢儿子,而小李喜欢女儿。这天她们约好一起去给孩子买衣服。到了商场她俩还像往常一样领着对方的孩子进了这家店。

店员:“小姐,您女儿穿这件衣服真漂亮!”

小李:“是吗?这孩子本来长得好看,跟她爸爸似的。”

店员:“您丈夫一定长得很帅吧,这孩子长得很漂亮。”

小李笑了笑没说话。过了一会儿，店员小声对小李说了一句话。

店员："不像跟您一块儿来的那位，我看她本人长得挺漂亮的，儿子却不怎么样。哎……"

这一单生意的结果也就可想而知了。

所以，在这里提醒销售人员，在对顾客进行恭维的时候，一定要先搞清楚状况，不然会弄出笑话。如果刚开始的时候还搞不清楚，那就先观察一段时间再向下进行，不可冒冒失失行事。

除了要选对赞美目标之外，对顾客的赞美还要选择一个恰当的机会，用一个适当的赞美方式进行赞美。需要注意的是，并不是所有的人都乐于接受你的赞美。地点、环境、人物关系，这些都是影响人心情的因素，所以在对对方进行赞美之前，一定要观察清楚了再开口。

"坏人"也需要赞美

社会上大多数人的思想里都有这样一种意识：好人是完完全全的好人，而坏人就是彻彻底底的坏人，不值得人们的同情和友好。其实这种思想是错误的，每一个人都不是单纯的好人或者坏人，可以说人性是复杂的。所以，不论是谁，都不要给别人划分三六九等。即便是你所认为的"坏人"，也是需要赞美的。

有这样一个故事，一个歹徒因为抢银行而被警察团团围住，不得已之下抓了个路人做人质，并扬言如果警察不放他走，他就把人质杀掉。人质是个刚踏出校门迈入工作岗位的女生。以下是两个人的对话：

歹徒："你只要不乱动，我是不会伤害你的。"

人质："你跟我哥哥说的话是一样的。"

歹徒："你哥哥?"

人质："嗯。他已经去世了，因为，当年他想为我筹集上大学的费用，所以就拦路抢劫了一位大学生，结果是怎样的你也就知道了。"

歹徒："你哥哥也是为了你?"

人质："你也是为了你妹妹么？你看上去就像是一位好哥哥，你们都是我们的好哥哥。"

歹徒："好什么啊，要不是因为没办法，我也不会用这种方式去给她筹集看病的费用。"

人质："你放心吧，我可以帮她的。现在社会上还是好人多，会有好多人乐意帮助她的。你尽管放心吧。像你这样的好哥哥，应该留下来照顾她的，最起码她心里还有依靠，而不是留下她一个人在这个世界上。"

歹徒听了默默地留下了眼泪。

这个故事的最终结果就是歹徒自首，人质帮助他妹妹在社会上筹集爱心捐款，帮助他妹妹成功治好了病。在这个故事中，所有的问题都迎刃而解了，关键就在于被当做人质的女孩对歹徒的夸奖。女孩找到了歹徒心中美好的触发点，所以才能打动他，成功地自救和解决问题。这里，女孩的故事是不是真的已经不重要了，重要的就是她成功地运用了赞美，化解了危机。

在销售中也是这样，面对好说话的顾客需要赞美，面对不好说话或者心情不好的顾客同样需要赞美，并且这样的效果会更好。除此之外，对别人的赞美还可以通过反方向进行，比如下面这个案例。

在夜晚灿烂的星空下，一名年轻的男子认真凝视着女朋友美丽的眼睛。然后，出人意料地，男子说了这么一句话："我想你爸爸应该是当小偷的。”

女生非常生气地说：“你怎么这样啊，我爸爸是警察啊！你为什么说他是小偷？”

男子认真地说：“那我就想不明白了，如果他不是小偷，那你眼睛里的星星是从哪儿来的呢？难道是玉皇大帝批准特许给你的？”女生听完，就感动地拥住了男子。

可以说，这名男子很会说话，也很会赞美对方，是个真正的营销高手。借助反面的语言，对别人进行赞美，收到了更好的效果。

上面说了不论对待哪一类人都要对他们进行赞美，可是在实际生活中却很难做到。有的销售人员就反映说，有的顾客脾气不好，明明在跟他好好说话，他却可能恶言相向。碰到这种顾客，有一种方法可以对付他们，那就是赞美。

如果你经常碰到这类顾客，记住，下次面对他们时，别生气，可以先琢磨琢磨他们说的话是否言之有理。如果不是，那就学会保持沉默；如果是，就要学会“适时适度”地夸赞他，可以是他深入的见解、特别的视角，也可以是漂亮的衣服搭配。这样你就会发现让顾客露出微笑并接纳你，其实并不是一件很难的事情。

值得注意的是，这里强调的是“适时适度”，也就是除了必须有事实做基础之外，还要选择一个恰当的时机。否则不分时间场合地胡乱夸奖一通，恐怕只会让对方把你视为阿谀奉承的人。所以，赞美不仅要学会方式，还要学会看准时机。

作为销售人员，千万不能把顾客分为三六九等，不论面对哪一类顾客，也不论是什么脾气的顾客，都要首先给予尊重，然后是赞美。记住，赞美是销售人员屡试不爽的秘密武器。

巧妙赞美赢得客户的好感

前面说过，社会上几乎每一个人都希望被别人赞美。赞美会令对方对你产生好感。所以在销售界，销售人员在销售时，用赞美性的话语来引起顾客的注意、兴趣及挖掘他们的需求，从而使自己成功进行销售，是很多成功的销售精英经常用的方法。但是这个方法在运用的时候，有许多需要注意的地方。

要想用赞美的方式获得顾客的好感，就要先有这样一种意识：赞美不是阿谀奉承。赞美是真心诚意地认为对方有哪一方面值得别人去羡慕。而阿谀奉承则是虚伪的吹捧。赞美是人人都喜欢的，而阿谀奉承则是大家都讨厌的。通常，销售人员为了影响顾客的购买行为，需要对顾客说些恭维的话，但是为了防止自己的赞美流于奉承，一定要在类似轻松的话题中转入正题。其实，只要你自己心里坦然，是在实实在在地赞美他，一般情况下，你都会得到满意的结果的。

对顾客进行赞美的时候，还要注意要聚焦一点，集中赞美他的一个优点。比如他的衣服，或者车子或者其他的什么东西，千万不能“东一榔头西一棒子”，这样的赞美不仅不会得到好的结果，还会让对方觉得你不靠谱。

有一种非常好的赞美别人的方式，并且不会有恭维他人之嫌，那就是利用第三方的口吻对他进行恭维。

小马是一个聪明的销售人员，她懂得用第三方的口吻去赞美客户。这样既能博得对方欢心，又能撇清自己“拍马屁”的嫌疑。

案例一：

小马：“小姐，您好！有什么需要帮忙的吗？”

顾客甲：“我想买一件风衣，你帮我拿一件。”

小马：“好的，这边请。您看这件可以吗？穿上看看。”

顾客甲：“款式倒是还可以，就是好像有点儿肥。还有没有小一号的？”

小马：“小一号的没有了。不过，您穿这件也很漂亮呢。刚刚走的买衣服的那位小姐也夸您穿这件衣服好看呢。要是小一号估计就有点儿紧了。”

顾客甲：“是吗？”

小马：“当然。而且，您长得这么高挑，穿起来更显得身材好了。”

顾客甲：“好吧，就拿这一件吧。”

案例二：

小马：“王小姐，您好呀。今天需要点儿什么？”

顾客乙：“我想买一件短款的小外套，给我参谋一下吧。”

小马：“嗯，您确实适合穿短款的，这样会显得您更高挑。”

顾客乙：“这个颜色太鲜艳了吧？你说呢？”

小马：“这个颜色确实是有点儿鲜艳了，不过您穿上正好合适。刚刚李小姐过来买衣服还说到您呢，说您长得白，穿颜色艳一点儿的好看。”

顾客乙：“呵呵，是吗。把这件给我包起来吧。”

这两个案例中，小马都正确地运用赞美的方式，获得了顾客的认同，做成了生意。运用第三方的语言或者口吻对对方进行赞美，在撇清自己“拍马屁”的嫌疑之外，还能显得赞美得很自然，更容易获得对方的好感。

在以上这些都注意到了之后，还有一点就是，针对不同的人，采取不同的赞美话术和方式。如果你到别人家里去做客，或者是第一次去家里拜访客户，与其不切实际、不知状况地乱捧主人一场，倒不如拿出时间来赞美主人房间布置得多么别出心裁、让人感觉舒适，墙上的一幅上乘之作或盆栽的精巧细致。若要取得他人的好感和让对方喜欢上你，那就要尽量发现他人的兴趣并加以发挥。比方说这家的主人喜欢狗，那就不妨赞美他的狗；若主人养金鱼，则不妨说说自己如何欣赏那些鱼的美丽，如果自己也确实喂过金鱼，那就再好不过了。对老年人，就关注他的身体健康；对青年人，就关注他的事业；对学龄的孩子，就夸奖他学习好。这些有针对性的赞美，一般情况下是不会错的。所以作为销售人员，在赞美对方的时候，一定要针对不同的人采取不同的话术和方式，只有这样才不会做无用功。

摆正自己的心态和说话的方式，巧妙地对客户进行赞美。只有这样，成功才会离你越来越近。

赞美之词不可收

我想这个社会上没有一个人不喜欢听到别人赞美自己的，除非是特殊情况下或者是太过露骨的赞美。既然每个人都喜欢听到别人赞美自己，那作为销售人员，就不妨多赞美赞美你的顾客吧。但是这里有一个问题，就是很多销售人员说，赞美如果掌握不好度，就会成为“拍马屁”，不仅得不到顾客的好感，还会让对方觉得自己虚伪，不真诚，得不偿失。这确实是一个必须考虑到的问题，但是不能因为怕对方误会而收起你的赞美之词。

小楚是一名服装店里的导购，业绩一直不太好。究其原因，就是因为怕顾客误会而收起了她的赞美之语，让顾客觉得从她这儿买东西很不舒心。

顾客：“小姐，我不太会搭配衣服，你给我搭配一身衣服吧。”

小楚：“好的。”

顾客：“这身衣服穿在我身上好看吗？我怎么觉得这么别扭啊。”

小楚：“我觉得还行，您如果觉得不满意可以再换一件。”

顾客：“这件也不好啊，你看这儿，这么肥。”

小楚：“那您想要什么样的呢？”

顾客：“我不是让你给我挑吗？”

其实，如果是老练的销售人员碰见这类的顾客，那生意不成交也不容易，但是小楚却失败了。原因就是小楚不懂得去赞美顾客，或者是怕顾客误会而不去赞美。在这个案例中，可以很容易就看出来，这一单生意是非常简单的。既然顾客把挑选的权力交给了小楚，征求她的意见，那岂不是小楚说什么就是什么了？当然，这里面也有一个说话技巧的问题。但是，因为怕对方误会而收起赞美之词这种做法纯属是因噎废食。

那么既然要去赞美别人，又不能让别人误会你在“拍马屁”，就要懂得和掌握一些赞美的技巧。其中之一就是赞美别人的时候一定要发自内心，并且一定要真诚和热情。有些销售人员去拜访客户的时候，知道要去赞美别人，心里也很想去赞美别人，可是就是难以开口，半天说不出一句话来。有的时候即使说出来了，不是声音小得像蚊子声，就是说得断断续续，给别人的感觉像是挤牙膏，说的人都觉得别扭，更不要说听的人了。要是这样的话，谁还会高兴听你的赞美呢？

所以说，如果你要赞美一个人，又怕对方误会，就一定要大声流畅地说出来。并且要表现得真诚热情，最大限度地感染对方。通常经验丰富的销售人员拜访一个客户，如果这位客人是熟人，他第一句话一定是大声地赞美他：“李先生，您真是越来越精神了”“孙经理，您越来越具有成功人士和大企业家的气质了”“王总，您看上去越来越有魅力了”“阿姨，您真是越来越年轻了，身体这么硬朗”……

为了防止误会，除了赞美别人的时候一定要大声热情之外，还要用恰当的说话方式表达出来，不然起不到很好的效果。

比如说，一位保险销售人员赞美一位顾客的车，如果说成：“李先生，您这车真漂亮。”可能客户听来心理会比较愉悦；但是说成：“李先生，您真有眼光，这车很漂亮。还有啊，您这车保养得真好。”效果估计会更加好。因为前者只是说这个车很漂亮，是生产厂家的事情，而后者则是直接夸奖了客户本人，所以会达到一个更好的效果。

作为一个销售人员，要时时刻刻记住，赞美别人是促进自己销售的行之有效的方法，并且，你对客户的赞美应该是自然、真诚、不露痕迹的，这样你的赞美才能发挥最好的作用。如果实在搞不懂应该怎样更好地运用赞美，那就用一些最普通的、不会惹人讨厌的赞美的话语。但是，千万不能因为怕误会而不去赞美对方，这样就大错特错了。

第四章 Chapter 4

面对顾客的不同沟通方式：沟通话术

倾听的作用及方法

一提起销售人员，人们脑海中大概就会出现“滔滔不绝”或者是“能说会道”之类的词。语言对于销售人员来说是必不可少的武器，可以说，生意都是在语言交流中完成的。但是销售工作要求销售员不光是会说，还要注意适时地保持沉默，注意倾听，不然不仅生意谈不成，还会闹出笑话来。

说起沉默和倾听，大部分销售人员都不以为然，认为这个不值得一提。但是作为销售人员，你在面对顾客的时候，真的会倾听吗？当你与客户交流的时候，你心里在想什么？你是不是在想：待会儿该如何切入？他这样说我该如何反击他、说服他？如果真是这样，你的倾听就是没有意义和效果的，你会听不到客户的心声和真正的需求，甚至听不进谈话的内容，所以才会出现这样的笑话：

“王经理！我来跟你介绍一下，这是周董！××公司的老总。”

“喔！周董你好！（举杯）请问周董贵姓？”

这位王经理忙着招呼客人，根本就没有真正注意人家的介绍，而用习惯性的社交问句：“请问周董贵姓?”

这个笑话就说明了倾听的重要性。或许王经理因为没有注意倾听而丧失了与周董合作的大好机会也说不定。所以，销售人员如果不注意倾听，生意也是会跑掉的。

懂得保持沉默和倾听这个道理之后，还要学会如何才能更好地倾听。即销售人员在倾听客户说话时，也不能只是被动地接受客户的意见，还要主动地与他们进行反馈、交流。这就需要你及时作出回应，甚至是会心地呼应。在客户说话时，不时地发出一些声音，表示听进或赞同顾客的意见，或是有意识地重复某句自己认为很重要、很有意思的话，以便让客户觉得你是在认真地倾听。

有的时候，如果一时对对方的某些话有些不理解，或者有些疑问，那就不妨向他们提出一些富有思考性和针对性的问题，这个时候对方一般是乐意以更简洁、明白的话解释的，这样你的思路会变得清晰起来。而且对方也会觉得你作为倾听者听得很专心，他有被重视的感觉，更会有“酒逢知己千杯少”的感慨，话题也会因此谈得更广、更深，从而使对方内心真正的想法更加外露，有利于你的成交。

倾听的重点在于听出对方的需求，同时要通过你的倾听使客户感到心情放松和舒适，这才达到了倾听的最高境界。所以在倾听中，还要学会到底要听什么。

善于倾听就是要听出客户的需求，我们刚刚已经说过了。但是客户的需求往往是比较隐晦的，或者是客户本身也没有意识到的。所以，销售人员要在倾听中听出客户无意间透露出来的一些关键信息，并且对这类关键信息保持敏感度。只有听出这些信息背后的含义，并加以跟踪、确认，才能更好地了解顾客的需求，寻求成交的最佳点。

注意客户的一些语言。比如客户如果说：“这边分公司的财务目前还由我来负责。”那么，这里的一个敏感词汇就是“目前”，客户为什么会这样讲呢？销售人员要不妨顺势追问一句：“这个我了解，顺便问一下，您刚才提到的‘目前’是什么意思呢？”一般情况下，客户是不会拒绝回答的。他可能会回答：“过两个月，我就调到公司总部去了，到时候这边就由新上任的李经理来负责财务这一块儿了。”如果是这样的话，销售人员就从客户这里获得了关键的信息，可以对接下来要面对的事情做到心中有数，并对客户现在是否想促成交易就有了更深一步的了解。

可是又有的销售人员就说了，自己是想倾听，可是客户根本就不理自己。那么，这种情况怎么办呢？其实问题的关键是你是否会提问题，你提对了问题，客户自然就会跟你进行沟通。如果你问的是一个客户不感兴趣甚至反感的问题，那人家就当然不会理你了。所以，做一个好的倾听者，前提是提对问题，让顾客跟着你的思路走，否则“倾听”也就无从谈起了。

巧用话术化解客户的心防

在销售工作中，销售人员要面对的顾客很多。而且，每个顾客的性格特征又都不一样，所以，这就需要销售人员对不同的顾客采取不同的应对方式。不过，他们也有一个共同的地方，那就是在面对陌生的销售人员时，内心深处都会产生些许的戒备心。因为，当他们接触陌生的销售人员时，都带有“主观的”意识，也带有“防备”的心理，这就是我们所说的顾客的“心防”。这里影响他们主观思维的可以是销售人员的穿着打扮、头发的长短，说话的言语方式以及态度等，这些都可以带给他们主观上的感受。所以要想打开客户的心防，在穿着干净整洁之外，还要学会用语言和话术来打动他们。

用话术来化解客户的心防，可以有很多方式。比如说真诚的赞美，比如说谈论客户感兴趣的话题，再比如说让客户亲自体验产品。可是，有的销售人员认为，让客户亲自体验产品是一个不错的方法，但是，这好像又与话术无关了。其实这个问题重在怎么去理解，让客户去体验产品难道不要用语言吗？

销售人员李琳："王老板在吗？您好，我是××公司的销售人员李琳，很抱歉现在来打扰您。我知道贵店的生意总是这么红火，总想过来看看。王先生您真厉害！"

王老板："您实在过奖了，生意并没有你想象的那么好。"

李琳："我看就很好啊。尤其是你们的店员对顾客的态度都非常细致周到，我想一定是您对员工的教导有方。我们也常常到别的店，但像贵店服务态度这么好的实在是很少。对面商店的孙老板，就对您的经营理念表示佩服呢。"

王老板："孙老板果然这么说吗？其实我一直都在向他学习，他的店铺经营得比我好。"

李琳："您果然不是一般人，这么谦虚。孙老板说您是他学习的榜样，可您却说在向他学习。不瞒您说，孙老板昨天换了一台多功能的收银机，非常高兴，这才提及您的事情。所以，我今天就来打扰您了。"

王老板："哦！他换了一台新的收银机呀？"

李琳："是呀，新的收银机让他的店铺生意更红火了呢。郑老板是否也考虑更换收银机呢？目前您的收银机虽然也不错，但是如果能够使用一台功能更多、速度更快的新型收银机，会缩短顾客排队等候的时间，他们肯定会因此更愿意光临您的店，您的生意自然会更上一层楼的。我希望您可以考虑一下。而且，您可以免费体验一下这种新的收银机，我给您带来了一台。”

用语言打动客户，让客户亲自体验产品，是销售人员在销售过程中可以运用的一种行之有效的方法。如果客户对产品的质量、性能等存有疑虑，那么，让他亲自体验就再好不过了。比如在向老年人销售按摩椅时，让客户亲自体验按摩椅的功能、稳定性、舒适性等各类指标，一是可以加深客户对产品的了解，二来可以打消客户对产品的种种疑虑，那么生意的成交就变得有可能了。

但是有很重要的一点需要注意，那就是，销售人员在向客户展示产品和让客户体验产品时，必须对自己的产品有十足的热情和坚定的信念。试想一下，如果销售人员一点也不欣赏自己的产品，在展示产品时肯定会有意无意地显露出来，那么，顾客还会对你的产品有丝毫的兴趣吗？

化解客户的心防，除了运用以上几种方法之外，还要学会运用“多渠道行销”的方式。所谓的“多渠道行销”就是运用开店、人员拜访、呼叫中心、网络营销等手段，对客户保持连续的攻势，以造成无可拒绝的成交主张。这种方式的优势在于不论客户是出门在外，待在家中，还是在办公室上班，他都会接触到商家的门店、寄到家中的目录、电话销售与其的沟通。例如麦考林，面向女性消费者，麦考林成为“永不落幕的女性百货商店”，从当初单一的目录邮购发展到今天的目录邮购、网站、实体店、电话直销多渠道交叉销售模式，获得越来越多的客户认同。作为销售人员，虽然你不可能每一种方式都使用到，但是你有一个优势，那就是语言。在与客户进行沟通交流的过程中，要有意识地去提及你所在公司的多种行销方式。让客户耳濡目染、多多少少有所了解，这样对于化解客户的心防是大有裨益的。

长话短说，有话直说

作为销售人员，在进行销售活动的时候，对待顾客热情大方是必须的。但是有的时候，过于热情反而会起到不好的效果。

李先生带着儿子去买书桌，就碰到了一个过于“热情”的销售人员。

销售人员：“先生，您好！有什么需要帮助的吗？”

李先生：“我们先自己看看，需要的时候再叫你。”

销售人员：“好的。这边都是儿童家具用品，您是要给您儿子买吗？您先看看吧，我们这边的产品质量都是非常好的，绝对包您满意。”

销售人员看到李先生在一个书桌面前逗留，便又“不请自来”的说开了。

销售人员：“先生，您眼光真好。这一款书桌是从国外进口的，而且是我们这个月的销售额冠军。”

李先生：“看着倒是不错，就是不知道颜色……”

销售人员：“颜色上绝对没问题的。我们这儿的产品用的都是上好的涂料，绝对不会对您的孩子及家人的健康产生什么影响的。”

李先生：“不是，我是说……”

销售人员：“哦，我知道了。您是担心这个颜色和您家里的装修风格不搭调吧。这个您不用担心的，我们这个产品的颜色选择的是大众色，和任何装饰风格都能很好地协调。您只管购买，不用担心。”

李先生：“我只是担心我儿子……”

销售人员：“您是担心您儿子会乱写乱画吗？这个您就更不用担

心了。我们这个产品采用的原料是很高级的，如果有乱写乱画的痕迹，只要轻轻擦拭就干净了，非常适合小孩子使用。”

李先生：“小姐，您能让我把话说完吗？我只是想说不知道我儿子是不是喜欢这个颜色。本来我决定要买的，但是现在，对不起，我不买了，因为你的喋喋不休让我心情很糟糕。”

这里，这个销售人员就不懂得长话短说，有话直说的道理，也不懂得给顾客说话的机会，所以销售才会失败。如果她明白这些道理，只是简单地介绍下产品，那这次的销售就成功了。因为李先生原本就是打算要购买的。

其实，作为销售人员也是很无奈的。既要适时地接近顾客，又要适时地保持沉默。在多数情况下，客户面对销售人员的想法是：“你只要告诉我内容的重点就可以了，喋喋不休的谈话我不需要，有话请直说！”所以，切忌在面对客户时滔滔不绝，有时候沉默也许真的就是“金子”，保持沉默，也许你就会得到意想不到的效果。销售人员多说几句本没错，想多了解客户的感受和需求本来也无可厚非，但你要把握好尺度，做好了，买卖也就变得容易了。所以不妨长话短说，有话直说。

导购小青一直以来就有很好的业绩，关键就在于她懂得把握待客的分寸，知道什么时候该说，什么时候不该说。

小青：“您好，有什么需要帮忙的吗？”

顾客：“这款衣服是均码的吗？”

小青：“为了照顾到不同身材的顾客，是分大小号的。”

顾客：“这件衣服有大一号深蓝色的吗？”

小青：“我帮您看一下。还有。请问一下您是给您丈夫买的吗？”

顾客：“嗯，是啊。”

小青：“好的，给您。”

顾客:“帮我包起来吧。会员卡打折吗?”

小青:“打九折。请您跟我来,我帮您去办。”

在这个案例中,几句简单的对话就完成了一项交易。如果她喋喋不休,不懂得长话短说的话,估计就是另一番景象了。

导购是这样,作为公司的销售人员在和客户沟通的时候,需要你把客户应该了解的东西介绍给客户。你的话越简练,对客户来说就越有吸引力,紧紧抓住客户的心理才是销售过程中最主要的。

对顾客的尊重是成交的重要因素,而尊重可以体现在很多方面。无干扰的服务是一种,长话短说也是其中的一种,所以,每一个销售人员都应该懂得这个道理,争取“长话短说,有话直说”。只有做到这一点,你的顾客才不会被你的话术所“吓到”,生意才会顺利,业绩才会提高。

采取先同意客户的策略

客户是销售活动中的对象,是重中之重。所以,销售人员一定要维持好自己与客户之间的关系。但是在与客户进行交流沟通的时候,客户不会轻易对销售人员的意见表示赞同,有异议是很正常的。遇到这种情况,作为销售人员该如何维护自己的产品和对客户进行说服,也是有很多技巧的。

大多数销售人员面对客户不同的意见,往往会直接回答客户“不是不是,其实它是根据……”“你说的不对,应该是……”“那个东西很容易坏,不能这样碰……”他们这种坚持实事求是和捍卫品牌的精神以及想扭转客户的想法是对的,但是表达方式却有很大的问题。

威廉·尤里是全球知名的谈判专家,他曾说过,作为销售人员,犯的最大的错误,就是从“不”开始说起。但是所幸的是,说“不”有很多种方法，其中有一些方法能让双方皆大欢喜。以下这些语句都是经验丰富的销售人员用来回复客户的：

“对，是这样的……可惜……”例如，“对，确实是这样的，您说得很对，只是可惜厂商没想到这种方法，所以就只能……”

“我一定会尽力的，即使……”例如，“我肯定会尽力满足您的要求，即使有不可抗拒的因素，顶多会延后几天，不过您放心，我最后一定会替您完成……”

“是我们制度本身的问题……”例如，“很抱歉因为我们公司制度的问题，不能答应您的要求，这样吧，如果可以的话，请容我为您另作推荐……”

不管怎样，在你把“不”说出口前，先在心里从一数到三，然后在心里找一个更好的替代词，永远记住三思之后再开口。

小司是一名销售人员，在与客户进行沟通的过程中，他就懂得运用这种方法得到自己想要的结果。

客户：“这样不行，价格太高了。如果再降点儿的话，我们才有可能和你们进行合作。”

小司：“相对于其他公司来说我们的价格可能是有点儿高，那是因为我们和他们所用的原料不太一样。”

顾客：“那也还是太高了，超出我们接受的范围。”

小司：“那很抱歉！因为我们自身的问题，不能答应您的要求。您看这样行吗，我回去请示一下我们经理，因为，你们提的那个价格我还不能私自做主。不过我会尽量为你们争取的。”

其实案例说到这里，你也就能了解如何去跟这类的顾客打交道。

对客户的话表示赞同，先附和他们，然后再向他们提问，就比较容易得到有价值的信息。

在这里，再给大家举个简单的例子。客户到商场购买一条裙子，因为你还不清楚客户要买什么样子的，所以你不可以随便推荐一款给她。正确的方法应该是先问清楚她最关心什么，进而才能按照客户的关注点给她推荐最适合的款式。所以正确的询问方式应该是："小姐，不知道您选择一件衣服，最关注的是什么?"客户的回答可能会是多种多样的了，比如说："主要是款式，当然还有价格!"

这里就有一点需要大家注意的，那就是无论客户给出一个什么样的答案，即使是出乎你的意料，销售人员也要表示赞同："其实我和您是一样的，买衣服的话我也最关注款式和价格，款式要漂亮，价格当然也要合理!"接下来可以再问得细致一点，喜欢休闲的还是时尚的，是喜欢可爱一点儿的还是成熟一点儿的。得到了客户的明确回答，才算是明白了客户的关注点。

在对客户的关注点有了了解之后，才能向顾客推荐最适合他们的产品，这样成功的几率也才最大。

附和对方，不但可以从客户身上了解到自己想要的信息，而且在彼此的交流过程中，也起着举足轻重的作用，可以说是与客户的粘合剂，能够拉近双方之间的距离。例如，如果顾客说："这件衣服的款式很别致，很有个性。"这时候聪明的销售人员就会说："是啊，您的眼光真是不错，这是今年新出的款式。"这样说，顾客的心里就会喜滋滋的，因为自己的观点得到了认同，同时，自己又被认为是"比较有眼光的人"，被赞美的人总是好说话的。所以，她也就不太可能放弃一件"有眼光的人"挑选的衣服了。这次销售也就成功了。

前面说过，被赞美是大多数人所喜欢的，随声附和也是一种赞美，但是这种方式却是很多销售人员忽视的。一旦销售人员意识和掌握了这一点，那么赞美顾客也就不是一件什么难事了。除此之外，附和对方也是保持与顾客沟通的一种行之有效的手段。我们可以在沟通过程中，了解客户的需求，并作出相应的策略，这是一个聪明的销售人员应该掌握的技巧。

告诉客户，给他想要的

世界上的人千差万别，而不同的人又会有不同的要求，对于销售员来说，我们所能做的就是顾客要什么就给他什么。卖给顾客的产品是他真正需要的，而不是你想要卖给他的。

我们都知道，即使是双胞胎之间也存在着差异。所以，不同的客户，他们的消费心理不同，购买需求自然也就不一样。比如，有人喜欢有美丽外观的产品，有人钟爱于功能齐全的产品，还有人想购买畅销的产品。销售员要根据客户的不同需求区别对待。不同的客户以及客户不同时期的购买需求，都是销售员营销模式的指挥棒，销售员只有遵循“不同客户不同对待”这一原则，才能成为一名成功的销售人员。

那么，如何去发现客户要什么就是问题的关键了。记住一点：对客户来说，有需求的产品一定是他最喜欢、最需要、最感兴趣的。所以说，客户要购买的产品并不一定是最完美的产品，但是却是他所需要的。销售人员在进行销售的过程中便经常陷入这个误区，认为完美的产品就是客户想要买的产品，这其实是大错特错的。比如说，你向一名少年推销保健品，向老年人推销运动器械。即便这些产品是同类产品中最好的，那也是不太可能会成交的，因为他们不需要。对于一个沙漠中的被困者来说，最需要的无非就是水和食物，这个时候就算你给他金子都不会引起他的兴趣，因为他不需要。所以，销售人员一定要在与客户的交流中发现客户的需求，只有这样才能成功销售。

李先生是一家私营企业的老板，同时也是××保险公司的潜在客户，但是却很难被说服。这次，公司又派出两名销售人员在不同的时间去说服他。两位不同的销售人员，面对同样一位客户，却得到了不一样的结果。

案例一：

销售人员甲："李先生，您好！我是××保险公司的销售人员甲。"

李先生："我如果记得没错的话，我已经跟你们说过了我不需要保险，也不会买保险。"

销售人员甲："李先生，那是因为您对我们的保险还不太了解。最近我们公司又新出了一套保险方案，我觉得非常适合您。"

李先生："适合不适合不是你说了算，而是我说了算。重点是我不买保险。您请回吧。"

销售人员甲："买保险可以为您提供保障的，万一您以后出现重大疾病呢？那岂不是损失的会更多？难道您不为您的家人着想吗？"

李先生："保险并不能为我提供什么保障。买了保险该得病还是一样得病，又不能保证我从此长命百岁。"

销售人员甲："那您不为您的家人考虑吗？有了保险，您万一出现意外后，他们不是会有保障吗？并且，可以不让他们那么难过啊。"

李先生："保障？我想以我现在的实力，还不需要用其他的方式来给他们提供保障吧。再说，难道有了保险，我生病之后他们就不会难过了？所以我说，我不需要保险，你请回吧。以后也不要再来说服我了，没有效果的。"

案例二：

销售人员乙："李先生，您好！我是××保险公司的销售人员乙。”

李先生：“怎么又来了！我不是跟你们说了我不买保险，请你们别来了吗？”

销售人员乙：“您先别生气。是这样的，李先生，我今天不是来向您推销保险的。”

李先生：“那你来干什么？”

销售人员乙：“我听我的同事们说，虽然您没有买他们的保险，但是，您对他们非常友善。所以，今天来是想跟您交个朋友，聊聊天。如果没有打扰到您的话。”

李先生：“哦，那倒没有。”

销售人员乙：“那李先生，方便跟我说一下您最近最关心的问题是什么吗？”

李先生：“哎，最近最让我心烦的就是公司的财务问题了。资金周转太困难，向银行贷款又迟迟批不下来。”

销售人员乙：“那您可以买保险啊！哦，我不是说让您买我的保险。我的意思是说，我们公司最近新出的一套保险方案，可以在客户资金周转困难的时候，提供保单贷款。除此之外，每年还有养老金，重大疾病的时候还有大笔补贴呢。当然，企业必须具有一定的资格才能申请这个项目，您这样的大企业自然是有资格这样做的。”

李先生：“真的可以向保险公司贷款？”

销售人员乙：“当然可以啊，我怎么会骗您呢。”

这两个案例的不同结果是显而易见的。由此可以看出，在推销产品时，销售人员最好先了解客户最需要的是什么，再对症下药，客户自然会买单，销售也自然会成功。

给顾客提供选择

上一节我们讲到，客户购买产品是因为他需要，而不是因为产品完美，这一点是毋庸质疑的。但是，完美与否并非不重要。如果在十件商品中只有一件符合他们的需求，那顾客要买的话肯定是买这一件；但是，如果有三件商品都很符合他们的需求，那他们买的肯定是其中条件最好的。

基于这一点，有的销售人员认为，在顾客购买商品的时候，给他们提供的选择越多越好。的确，给客户提供更多的选择，可以让他们有更多的选择空间，从而挑选出更适合自己的产品。但是这一做法并不适合所有类型的顾客。有一种类型的顾客，你给他提供的选择越多，他的烦恼就越大。

小孙今天一直很郁闷，因为，他不明白为什么早上的那个客人没有买他的产品。明明两个人相谈甚欢，并且，那位客人很明显地表现出了购买的欲望。

小孙："先生，您好！要买什么东西吗？"

顾客："哦，我想买一个饮水机，自己家里用的。"

小孙："那您看看这个怎么样，小巧精致，而且看上去美观大方。"

顾客："嗯，不错。这个是不是只能换桶装的水？"

小孙："嗯，是的。不过这边有一种可以自己加水的，卖得也很好。"

顾客："哦，也还行。还有别的款式的吗？"

小孙："这边还有几种。您自己看看哪个比较好点儿。"

顾客："我觉得都不错啊。你给我个建议，你觉得哪个比较好啊。”

小孙：“这个嘛，就看个人喜好了，您觉得哪个合适哪个就是了。”

顾客：“这个还真有点儿麻烦。要不这样吧，我回去跟妻子商量商量。还真不知道买哪个好。”这位顾客边走边说。

这笔本该做成的生意就这么“黄”了，是不是你也觉得很可惜？其实，这里的关键就是小孙给这位顾客提供了太多的选择，以至于让这位顾客茫然不知所措。

有这样一种人，经常自己拿不定主意，你给他的选择越多，他越无法作决定。所以，当这种类型的人主动要你提供更多选择时，你最好先帮他们确定目的和条件。比如说上边那个案例，只要问对了问题，成交很容易就能实现。“您家有几口人？”“接受的价格是多少？”“喜欢的颜色是什么样的？”……只要这些问题有了答案，那选择起来就非常容易了。但是，如果你无法在他们开始挑选前就替他们设定好方向，问好相关的问题，那你就是在给自己找麻烦。所以，在面对这种类型的顾客时，尽你所能的帮助他们删减选项吧，给他们提供选择的机会越少，那么，你这次成功的机会就越大。

可是这一做法并不适合所有的人。对于不习惯于自己拿主意的顾客来说，这一招可谓管用，但是，对于强势型的顾客或者有强势型的朋友陪伴而来的客人，就不适宜用这一种方法了。

强势型的顾客一般都有自己的想法，并且，不喜欢别人参与意见。所以，聪明的销售人员在面对这类顾客的时候，一定要学会察言观色，看准时机再说话。对于这种类型的顾客，或者是有这种类型的顾客在场的时候，作为销售人员一定要给他们提供选择的空间，也就是说给他们可供选择的机会越多越好。因为，他们是天生的领导者，喜欢在人前彰显自己的果断和决策能力。还有一点就是别帮他们作决定，不然，一旦引起他们的反感，生意肯定就失败了。

同样是小孙，吸取了上次失败的教训。懂得了在销售过程中要适时地替顾客拿主意。可是做到了这一点，他仍然失败了。

小孙："两位，您好！要买什么东西吗？"

女士："哦，我们想买个饮水机，放在家里用的那种。"

小孙："您家里几口人？有没有什么喜欢的颜色？"

女士："三口人。颜色嘛，哎，老公，你说什么颜色好啊？"

男士："你喜欢就好。"

小孙："如果你们家庭用的话，我觉得这种就很好。小巧别致，造型设计新颖。而且它的颜色是粉色系，应该很符合您的喜好吧。"

女士："那价格方面呢？"

小孙："我看你们也不像是很在乎价格的人，不过这一款呢，价格也不算太高，算是适中吧。我觉得很适合你们，大多数工薪阶层都用这一款的。怎么样，不如就拿这个吧？"

女士："老公，你觉得怎么样？"

男士："你不是不喜欢粉色系吗？我们再去别家看看吧。"

这一次小孙又失败了，原因就是没有找对关键人物，还有就是在强势型或者爱自己作决定的顾客面前，自作主张地替顾客拿了主意。这个案例中，女士确实是不爱自己作决定的那一类人，可是她身边还有一个爱拿主意的先生。所以，销售人员在向顾客进行推销的时候，一定要审时度势，考虑周全，不同的人，不同的对待。

用话术引导客户"捡便宜"

在绝大部分营销人员的心中都有这样一种观念：顾客都是爱捡便宜的。这种想法也对，但是，在一定程度上也可以说是不对。因为，有一部分人确实爱捡便宜，但另外有一部分人纯属是凑热闹、跟风，还有一部分人是因为爱面子而不去捡便宜，并不是真的不想捡便宜。所以说，顾客爱捡便宜是正确的，但是，在实际的销售过程中要记住这样一句话："并不是人人都想捡便宜"，要根据不同的人群采取不同的策略，才能成功。

有这样一个案例。

有一个聪明的小贩在店门外大声叫卖："苹果十元五斤了啊，这是最后一天，明天就要开始涨价了！"

这样的叫卖声果然吸引了很多顾客前来，他们排起长队等着买苹果。

这时店里小贩的伙计偷偷问他："明天要卖多少钱？"

小贩瞟了蜂拥而来的顾客一眼，小声回答说："五元三斤……"

虽然，我们认为这位小贩做生意的手段不可取，却不得不承认他的营销手法挺高明的，用这种方式吸引了大批顾客前来购买。而这批前来购买的顾客大多数都是属于凑热闹型的，他们不会太在乎这些产品是否真的便宜，他们在意的只是看上去"比较便宜"。所以，这一招对这种类型的顾客也是屡试不爽的。因为，别人想要捡便宜，是因为东西"真的"比较便宜；但他们捡便宜，却是因为这东西"看起来"比较便宜。认清这一点，我相信你已经知道他们强调"特价"的目的所在了，不妨就用这一招来提高你的业绩吧。

有个妇人去首饰店买项链，看到两条一模一样的项链，一只标价5000元，另一只却标价4500元，她心中大喜，心想一定是店员标错价了，马上买下了4500元的项链，并认为自己占了便宜，心中窃喜地出了门。

她离开后，一个店员悄悄对另一个说："看吧，这一招真灵。怎么样，又卖出去一条吧！今天，我们的业绩肯定有保障了。"

所以，对于这种爱凑热闹“捡便宜”和另外一种真正爱捡便宜的人来说，“特价”对于他们非常管用。所以，各大商场和超市在节假日的时候，都会用“特价”的方式来吸引顾客，以此获得不菲的收益。但是，这一条并不适合所有的人，有一部分人看到“特价”会视而不见，这并不说明这些人不爱捡便宜，他们只是更爱自己的“面子”罢了。

有这样一个案例。

小王是一家电脑公司的销售人员。有一天，有两位顾客上门买电脑，听了他的一番介绍后，转身离去，他百思不得其解。

小王：“两位先生，需要什么帮助吗？”

先生甲：“你帮我们介绍介绍你们这儿的电脑，要是看好了我们就每人买一台，正好家里的也该换了。”

小王：“好的，您看这边的，都是适合家庭用的。它们……”

先生甲：“嗯，确实不错。你觉得呢？”

先生乙：“确实挺好的。怎么样？买了？”

先生甲：“嗯，那行。给我们来两台吧。”

先生乙：“价格呢？”

小王：“我说两位先生，你们运气可真好，我们这款电脑正在搞特价呢，八五折。”

先生甲：“特价？”

先生乙：“我说老兄，你以为我们不知道这特价是怎么回事啊，不过是打着特价的幌子而已，价格还不定是怎么着呢。算了，不买了。”

先生甲：“走了，走了。”

这笔生意就这样结束了，弄得小王莫名其妙，不知道问题出在哪里。

其实，问题就出在“特价”二字上。甲、乙两位先生在开始进店的时候就看到了“特价”的标识，之所以进来就是想买便宜一点儿的。但是，他们两个人又都是爱面子的人，所以，就不想让人认为自己是在捡便宜。而这位销售人员小王却疏忽了这一点，导致生意失败。这里要想生意成功，很简单，只要强调这款产品的特别之处，绝不提“特价”的概念就可以了。

在销售活动中，销售员要记住这一点：并不是所有的客人都喜欢捡便宜。利用“特价”或者“减价”的手段进行商品促销是非常可取的一种手段，也能为商家带来很好的收益。但是请记住，这一手段并不是对所有的顾客都奏效。

让冲动为你带来收益

人都是感性的动物，很多情况下作出的决定都不是由理性所决定的，顾客更是如此。很多时候他们买东西都是在冲动之下完成的，或是由于销售人员，或是由于现场气氛。这两点原因里有一个共同点，那就是触发了客户的内心，激发了他们的购买欲望。所以，想办法让顾客冲动起来，能为你带去滚滚的财源。

作为一个优秀的销售人员，必须明白一个道理，那就是在营销过程中刺激到客户的情感因子至关重要，它会激发起客户强烈的购买欲望。许多人都会有这样的内心体验，当一件商品触动了他的内心时，他的购买欲望会因此加强，以至于价格和其他方面的因素都变得不重要了。

客户在作出最终购买决定的时候，很多时候是出于感情上的冲动，并不是出于理性的分析。在这点上，成功的销售人员，最会打动客户的心，让客户产生一种拥有的渴望。而失败的销售人员，往往不懂得这个道理。而是钻牛角尖，纠缠于商品本身，这是一种非常错误的做法。

下面有两个案例，分别是两个不同的销售人员面对一位想给儿子买自行车的母亲所进行的沟通、交流。

案例一：

销售人员甲："您好！需要什么帮助吗？"

顾客："哦，我想给我儿子买一辆自行车。"

销售人员甲："您儿子多大？"

顾客："十四，上初中。天天家里学校来回跑，想给他买个好点儿的。"

销售人员甲："那您看这种怎么样？这款车子设计很独特，而且很结实。最适合他们这个年龄段的学生用了。质量方面有很好的保证，这个您不用担心。"

顾客："那我儿子他会喜欢吗？"

销售人员甲："我想应该会喜欢的。因为这款车子的造型很独特，价格又不算太贵。"

顾客："好吧，那我看看再决定。谢谢！"

案例二：

销售人员乙："您好！需要什么帮助吗？"

顾客："我想给我儿子买一辆自行车。"

销售人员乙："请问一下，您儿子多大？"

顾客："刚十四，在上初中。想给他买个好点儿的自行车。"

销售人员乙："嗯，现在的学生太累了，不像我们那会儿轻松。您看这个怎么样？设计新颖，结构又结实，关键是这个车子骑起来很省力气，不会太累。"

顾客："哦？是吗？"

销售人员乙："嗯，是的。这款车子是专门为学生设计的，为的就是让他们可以更省力气，花更多的精力在学习上面，这样才能取得好成绩呢。"

顾客："那我儿子他能喜欢吗？"

销售人员乙："肯定会喜欢的呀。您想呀，这是您给他买的，他当然喜欢了。还有就是这款车子是专门为男孩子设计的，颜色都是深色系的呢。除此之外，这款车子是很多中学生的首选，在他们学生当中很流行。所以啊，您给他买这个车子，他肯定会喜欢的。"

顾客："那我就要它吧，你帮我好好检查一下。"

这里是截然不同的两种销售方式，出现不同结果的原因就在于前者只是关注了产品本身，没有强调这个产品跟要使用它的顾客有什么直接的关系，或者说是益处。而后者则把重点放在了产品对顾客儿子的影响上，这就触及了顾客为儿子买自行车的动机，那就是关心。只有把这个产品和顾客对他儿子的关怀联系在一起，这次交易才更容易成功。

上面的案例说的是销售人员要懂得用语言去触发顾客的心理敏感点，而另一个让顾客购买产品很有效的办法，就是营造良好的现场气氛。氛围营造好了，往往也能收到意想不到的效果。

时常会听人说，"吃饭的时候，哪家人多我进哪家。"这就是氛围的一种影响。销售现场人越多，想看想买的人就越多。顾客往往把拥挤程度视为商品受欢迎的程度，觉得买的人多，商品肯定错不了。所以针对这一点，销售人员可以自己创造一个理想的现场环境，调动现场气氛，从而对客户产生一种心理上的吸引力，进而调动他们购买商品的欲望。

用数据说话更有效

上面我们说到了让顾客在冲动之下购买，其中“特价”就是可以使顾客产生心理冲动的一种方法。但是，有时候这种方法的作用也有限，究其原因就是有一类人对此缺乏概念。与其告诉他打“几几折”，不如直接告诉他省了多少钱。往往直接的数据更能说服顾客。

大多数的销售人员都知道，客户在购买商品时，通常是随意的。其购买决策极容易受到外界因素的影响，如销售员的介绍、朋友的建议，甚至于商品摆放的位置等；另外，相当一部分客户的购买行为都属于冲动行为，事先并没有计划，在外界因素的影响下非计划性地购买。所以这时，销售员若能利用一些数据为自己说话，简单、直接，不仅利于客户接受，而且会给对方专业的印象。

具体的数字相对于笼统的文字给人的印象直接、更深刻，更具有说服力。

比如，有位理财公司的“资深投资顾问”说：“近几年来，我们公司的基金收益率都是非常理想的，如果您选择我们，保证您可以在安全的前提下获得丰厚的回报。”

如果同样是这位“资深投资顾问”，他换个说法表达：“过去5年来，我们公司基金的投资回报率平均是22.3%，而银行的同期定期存款利息则是2.37%，因此如果您选择我们的服务，得到的回报将会是定期存款的××倍……”

所以，同样的一个问题，如果用不同的表述方式，会产生截然不同的效果。后一种表述用投资回报率和存款利息的具体数据，给客户的大脑一个明确的感知，其效果更具有冲击力。

所以，销售人员要懂得这个道理，在可能的情况下，尽量用数据或者事实说话，这样不但能给客户一个专业的印象，还是赢得客户信任的很好方式。

在很多案例中我们都看到了数据所起的作用，这也是销售的一种手段。例如两个商场搞促销，一个广告牌子上写着“八折促销”，而另一个却写着“从6000到4999，直降1001元”，你会觉得哪个效果更好一些？自然是后者。因为前者较之后者来说相对笼统，还需要换算才知道优惠了多少，而后者直接告诉消费者可以少花多少钱。

正值十一国庆假期，在一个大型商场里，各个卖家都打出了优惠的招牌招揽顾客，其中不乏各种营销手段。而据统计，销售业绩最好的是那些在广告中将让利部分直接用数据表达出来的商家。数据在营销中的作用是显而易见的，而且，也是无处不在的。

销售人员：“您好！我是×地毯公司的销售人员小兵。”

顾客：“有什么事情吗？”

销售人员：“是这样的，我今天来是想告诉您有这样一种东西，每天只需花一毛钱就能使您及您的家人拥有更高质量的生活。”

顾客：“每天一毛钱？什么样的东西？”

销售人员：您介意给我5分钟时间给您介绍一下吗？”

得到许可后。

销售人员：“是这样的。我们都知道，在家里铺上一块高质量的地毯会给您的生活带来完全不同的体验。最近我们公司新研制出来一种地毯，美观、舒适并且价格不高。像您这么大的房子，核算下来只要花费1800块钱就可以了，而它可以保证最少用5年。所以，一百平米的房子，每天只要花一毛钱，您就可以拥有更高质量的生活了。”

顾客：“这样算也对。问题是你们这地毯能保证用5年吗？”

销售人员：“这个您完全可以放心，我们是大品牌，非常重视信誉。而且这个产品还有售后回访和服务，您尽管放心使用。”

顾客：“那你看我们房子装修的风格，用哪一种比较合适啊？”

这次销售就这么简单地谈成了，其中数据在这里起了很关键的作用。这位聪明的销售人员用数字向顾客证明，每天只要花一毛钱就可以拥有高质量的生活，而一毛钱是绝大多数人都不会在乎的。

所以，不论在什么情况下，数字比笼统的文字更具说服力。如果你是一个销售新手，如果你不知道如何与客户进行交流，那就不妨多试着用数据说话吧。

沟通中需注意的话术

总结一下前面的话术技巧，就是要学会适时保持沉默，注意倾听，倾听是打动客户的良药；顾客需要什么，就给他什么，也就是说卖给顾客他想要的；注意长话短说、有话直说，等等。这些都是一个成功的销售人员必须掌握的。另外，还有几点要注意。

首先，在与顾客沟通的过程中，一定要有一个好的心态。

常言说：“腹有诗书气自华”，说的就是一个人的心境问题。一个人心境的大小、心态的好坏，都是可以从一个人的言谈举止中体现出来的。所以，一个优秀的销售人员首先是做好一个人，保持平和的心态，为人谦虚、亲和，面对各种类型的顾客，均能得体有分寸地面对，这样才能成为一名成功的销售人员。

其次，在与客户沟通交流中，在给客户带去好处的同时，一定要维护公司及个人的利益。

商业中任何交换性的活动都是以利益为前提或者是目的的，销售也是如此。买产品的顾客想要获取利益，销售人员也是一样。不过不同的是，销售人员要把顾客的利益放在明处，而公司和自己的利益才是最根本的目的。但是有的销售人员在对顾客进行推销的时候，常常是为了把产品卖出去而口不择言，乱许承诺。这样就算生意谈成了，自己也得不到什么益处，还有可能赔钱。所以，这就要求销售人员在销售过程中把握好度，既要把顾客的利益放在明处，让他心甘情愿地购买；还要维护公司及个人利益，做到双赢。

前面一章我们讲的是面对不同的顾客该如何与他们进行沟通。这一章讲述的重点是面对不同的顾客要采取不同的应对方式。面对爱炫耀的顾客要学会倾听，给足顾客面子；面对强势型的顾客要适时保持沉默，谦虚是美德；面对犹豫不定拿不了主意的顾客要学会给他删减选项，并看准时机替他拿主意；而面对爱捡便宜和逻辑性强的顾客，那就让数字说话吧。

总之，面对不同的顾客要采取不同的应对方式，这是毋庸置疑的，也是一个优秀的销售人员应该具有的素质。

Chapter 5

第五章

如何处理客户的拒绝与异议：协调话术

拒绝是销售的开始

销售人员最常面对的是什么？那就是客户的拒绝。之所以成功的销售人员少之又少，很大一部分原因就是，相当一部分销售人员面对客户的拒绝时都灰心丧气，甚至会退出这个行业。他们之所以不能够坚持，就是因为他们不知道一个道理：拒绝是销售的开始。只有你经历了种种客户的种种拒绝，你才能够百炼成钢，才能够从容自若地面对他们，进而成功地把产品销售给他们。

值得注意的是，并不是每次的拒绝都是真正的拒绝，这就需要用心区分。当客户对你拒绝时，这是他真实的想法吗？这是一个真正的拒绝还是一个缓兵之计？拒绝或许是因为顾虑，这才是客户现在不准备购买的真正原因。客户所要表达的真正意思是：你还没能说服我。所以，销售员要给他们提供更多的信息或承诺。

客户真正的拒绝，在现实生活中并不多见，他们的拒绝大多都只是一个借口，一种推脱而已。由于购买者通常都不愿意直接表达自己的意愿，因此也就很难判断他们的真实想法。但他们为什么这么做呢？我们知道多数人的为人之道都是委婉的、含蓄的，所以这种方式就被他们用于摆脱你了。

销售中的拒绝，很多都是可以预见的。只要你能够预见拒绝，就能够想办法避免客户的拒绝。这里面一个关键的因素就是你自己，销售人员自己才是销售过程中最大的敌人。只有你自己优秀了，战胜了自己，那么你就有成功的可能了。

销售人员常听到的一句话："销售从被客户拒绝开始。"说白了就是一家一家地碰壁，但只要坚持不懈，多次碰壁之后一定会取得订单。其实，销售汽车与竞选差不多，"无党派人士"越来越多。因此不要一开始就给自己设障，"这家公司原来用的是 A 厂家的汽车，所以不会考虑我的吧"这种想法就是毫无意义的。不去努力开发客户，反而给自己找了一堆可能被拒绝的理由，给自己设置了一大堆障碍，这样的销售人员，不但不会成功，对生活也会毫无激情的。所以，某些销售人员之所以失败，很大一部分原因就是没有战胜自己，而是给自己找了一堆不去努力的借口。还有，就是没有一个好的心态来对待销售这份工作。

踏入销售职场的人都尝过被拒绝的滋味，时间久了会或多或少地产生畏惧心里。比如有些销售员常有这样一些想法："我的产品不如另一个公司的产品，他们的产品好像更适合客户使用""我向客户推销产品是出于我自己的利益，客户肯定不愿意""我们的产品有缺点，客户知道了怎么办"等等。他们常常被这些潜意识把自己给禁锢住，而不能走出去向客户大胆地介绍和推销，交易自然就无从谈起了。

我们说了，拒绝是销售的开始。要想成为一个成功的销售人员，就不能害怕客户的拒绝。只有直面客户的拒绝，并且想办法应对，才是一个合格优秀的销售人员应该做的。

面对客户的拒绝

在销售活动中，客户的拒绝对于销售人员来说可谓是家常便饭。有一句话说得好：没有拒绝就没有销售。所以说，拒绝是促成销售成功的良方，销售人员千万不能害怕面对顾客的拒绝。既然拒绝无法避免，那么，面对客户的拒绝，销售人员该如何应对呢？

客户的拒绝多种多样，很多时候客户都以没有时间或者是销售人员浪费了他的时间为由，拒绝销售人员向他推销。常见的有："我不认为你有必要在我这里浪费时间。""你不用再浪费口舌了，你在这里浪费我的时间，我是不会跟你合作的。""先生，你知道吗，你在浪费我的时间。浪费别人的时间等于谋杀，懂吗？所以，请回吧。"

一般这样的情况下，销售人员还没来得及介绍自己和所推销的产品，就遭到了客户的拒绝，这个时候，销售人员应该如何应对呢？是马上向客户道歉，主动挂掉电话，还是硬着头皮继续推销，向客户证明自己不是在浪费时间呢？其实，两种方法都不可取。经验丰富的销售人员一般会采用下面的话术来化解被拒绝的局面。

"嗯，太理解了。我平时也是老感觉时间不够用。不过，今天我打电话给您没有别的意思，只是因为我们公司为回馈广大消费者对我们的信任，特地举办了免费赠送体验的活动。拥有这个权利的客户可以在我们的连锁店随时享受八五折优惠。"

"是的，像您这样的大企业家都是很忙的。不过，我向您保证，您和我谈话所花的时间绝对是值得的。所以我希望您能给我五分钟的时间来向您证明。"

从上面两种回答可以看出，正确的回答方式应该是，当客户说出"我认为你没有必要在我这里浪费时间"等类似话语的时候，销售人员应该立刻转移话题，不要纠缠在是否浪费时间这一问题上，要巧妙地运用话术进入推销产品的实质阶段。否则，就更容易引起客户的反感了。

还有一些客户直接拒绝的话语会让没有经验的销售人员措手不及，甚至慌乱地忘记该说什么。例如："我不喜欢和陌生人说话""我是不会和陌生人打交道的""我不信任陌生人，你就不要纠缠我了"等等。

这个时候，销售人员接下来要说的话就成为了此次接触能否继续的关键。这里，客户不想和陌生人说话主要还是不信任惹的祸。如果遇到这种情况，以下几种说法比较好。

"嗯，这个我理解。不过一回生，两回熟嘛。您别担心，我不是您想象中的那种坏人。我只是为自己所在的公司努力工作的一名普通销售人员。我的要求不高，就是希望您可以稍微多给我一点时间，我把自己最真诚的一面展示给您的同时，还可以给您带去意想不到的好处。"

"可我对您来说应该算不上是陌生人吧。我知道刘先生是您的一个很要好的朋友。前几年我刚来到这个陌生的地方时，举目无亲、孤苦伶仃，慢慢地对生活失去了信心。但是在一个偶然的机会，我遇到了刘先生，是刘先生在我最无助的时候，用他热诚的心鼓励了我，我对刘先生充满了感激之情。所以，我可能不算是您的陌生人吧。"

客户以"我不喜欢与陌生人交谈"等类似借口拒绝销售人员的时候，多半是因为不信任。这个时候，销售人员不要再强行向客户推销产品，也不要过度急躁。想让客户接受你，其实并不难，只要表达自己的真诚和推销的诚意，或者利用客户的朋友让他对你产生信任的感觉就可以了。

价格太高或者太贵也是客户拒绝的借口之一。这种借口可谓一语双关：如果不想买，那就是一种借口；如果想买，就是让销售人员降价。那么，销售人员应该如何识别客户的真实意图，又能维护自身利益呢？下面的回答可以参考。

“王小姐，原来您是说价格太高了呀。不过，我不知道您说的太贵了到底指的是什么？是商品价格超出了您的预算，还是和其他同类公司的产品相比较而言呢？”

“可能我们的产品价位看起来是高了点，不过无论是品牌还是做工以及技术含量在同行业里都是领先的。同样是房子，经济适用房和高档别墅就是没办法在一起作比较的，因为两者的档次不一样，您说呢？而且像您这样身份、地位的人士，也只有这种高品质的产品才能配得上您。”

身为销售员首先要非常熟悉、了解自己的产品，还有就是要掌握顾客的心理，只有这样才能做到胸有成竹、处事不乱。比如，遇到“你们的产品太贵了”的说法时，我们就可以主动将自己的产品与其他的同行业产品作比较，因为有比较才有鉴别，顾客才能信服。需要注意的是，作比较时要将自己产品的优势与竞争对手产品的劣势作比较，并在话语中适量放大自己产品的优势，让客户知道只有自己的产品才能满足他的要求。

语言温和地对待拒绝你的客户

拒绝是销售人员经常面对的，不同的销售人员面对拒绝会有不同的表现，但是无论怎样，都要对客户彬彬有礼。尊重客户、对客户礼貌，是一个销售员有内涵和修养的表现。苏霍姆林斯基说：“人有许多高尚的品格，但有一种高尚的品格是人生的顶峰，这就是尊重别人。"无论双方交谈得好与坏，即便是遭遇拒绝，销售员也要始终保持彬彬有礼的职业形象，尊重客户、服务客户，这才是一个拥有良好职业素养的销售人员。

对于顾客的拒绝，如何做到彬彬有礼呢？最基本的要求是：微笑、倾听，并且表示尊重。

微笑，谁都不会拒绝的。这一点我们在前面的章节里讲到过。微笑和赞美是销售人员接触客户最直接、有效的手段。面对客户的拒绝，每个人都会有情绪的变化，都会不由自主地气馁。这是正常现象，只要你马上调整好自己，那这个客户依然是你的。

倾听，是面对客户拒绝的良方。我们前面也说了，客户在拒绝时，很少一部分会是真正的拒绝。他们不是因为真的不需要，而是因为不信任，不信任销售人或者不信任产品。而不信任总是有原因的，所以倾听在这里就很关键。在倾听过程中可以找出顾客拒绝你的真正原因，可以了解他们的真实意图。

而与客户打交道，无论他拒绝与否，给予客户足够的尊重是最重要的，这样可以大大增加对方对你的信任感。

小青和小红是同一家化妆品公司的销售人员，而面对同样的拒绝，她们又是怎么做的呢？

案例一：

小青："小姐，您好！需要帮助吗？"

客户："哦，我随便看看。"

小青："好，您随意。"

小青看到这位客户停在一款护肤水面前认真观看，就上前作产品介绍。

小青："小姐，您眼光真好。这款护肤水是我们这里的标杆产品呢，它是由……您觉得怎么样？"

客户："嗯，听着还可以。"

小青："那是自然，我们这款产品可是连续六次获得月销售额冠军呢。买一瓶吧？我带您去交费。"

客户："我先考虑考虑。"

小青："小姐，您就别考虑了，我们这款产品卖得很快的，您要是不早点决定，产品可能就卖完了。"

客户："那我先不买了。我现在用着其他品牌的产品，效果也很好。"

小青："您不买干嘛不早说啊，我白白给你介绍这么半天。真是的！"

客户："你这个销售员服务态度怎么这么不好啊，以后就是需要估计也没人来你这儿买东西。"

小青："那你今天还来干嘛！"

案例二：

小红："小姐，您好！要买护肤品吗？"

客户："哦，我随便看看。"

小红："好，您请随意。"

看到顾客在专注地看一款护肤水，小红就上前作产品介绍。

小红："小姐，您眼光很不错哦。这款护肤水是我们这里的标杆产品呢，它是由……您觉得怎么样？"

客户："嗯，听着还不错。可是我现在还不想买，我正在使用其他品牌的产品，效果也还不错。"

小红："好的，没关系。我们都有自己用惯了的产品。那您仅仅是因为品牌不一样才不用的吗？可不可以告诉我有没有其他方面的原因？"

客户："那倒不是。我主要是怕两种不同的产品一起用，会产生不好的效果。”

小红：“这个您放心。我们这款产品是用新兴科技研制出来的，无副作用，并且用的话也不会和其他产品冲突。您尽管放心使用。”

客户：“可我还是不太想买。我家里类似的产品还有很多，我现在买回去也是放着，一时用不着。”

小红：“没关系的。谢谢您这么有耐心地听我向您介绍我们的产品，咱们以后还有很多机会可以合作的不是吗？那如果您觉得好，请帮忙向您身边的朋友推荐一下我们的产品，毕竟我们的产品还是有自己的优势的。提前谢谢您了。”

客户：“好的好的，没关系。实在不好意思啊，浪费你那么长时间。”

小红：“为客户服务是我们的荣幸。”

这两个案例的结果是，小红通过自己不断地努力，取得了很好的业绩，并被提拔为店长。而小青仍然是个销售员，并且业绩平平。所以说，态度决定一切。

从这两个案例可以看出，对待顾客彬彬有礼是销售人员最基本的职业素养。不仅要在潜在顾客面前保持风度，在已经拒绝了你的客户面前也要彬彬有礼。只有做到了这些，才能成为一个优秀的销售人员。

找出客户拒绝的真实意图

销售是一个门槛不高、看似简单的工作，其实，真正的销售工作并不那么简单容易。客户在面对你的销售时，总会提出这样那样的质疑，而多数人一遇到客户的质疑往往就泄了气，放弃了努力。仔细想想，客户对你的产品提出异议，本身就说明了他不是对产品没有兴趣，还不意味着你还有机会吗?

有经验的销售员都知道，客户的拒绝大多都不是真正的拒绝。当他们对你的产品产生兴趣，又拿不定主意是买还是不买时，他们就会提出异议，或者说是先用一些借口拒绝，这些异议预示他们有购买的可能。如果对他们的拒绝和异议处理得当的话，接下来的成交就指日可待了。

客户的拒绝多数都是因为不信任，这一点我们已经说过。由于不信任而产生的拒绝，那就是挑剔，既然是挑剔，我们就能有相应的对策。

比如说一位客户对你的产品包装不满意，认为太花哨、不实用。那么，这个时候他向你传达的是一种什么样的信息呢？那就是：我想买你的产品，但是在包装方面我不满意。找到了客户不满意的地方，那就容易对症下药找到突破口了。

这个时候，你可以这样回答客户："我完全赞同您的观点。确实，花哨的东西质量不见得好。但是这一观点还得具体看针对哪类产品而言，像某些品牌的烟、酒、糖、茶等，确实存在过度包装问题。因为除去包装，这类产品的质量没有太大差别，为了竞争，厂家自然要在包装上下足功夫。然而，我们这种视听类产品就不同了，这属于电子科技产品，厂家竞争的焦点在产品功能上，而包装只有在产品功能大幅提高之后才予以美化更新。站在厂家的立场上考虑问题，企业都是致力于提高、改进产品的性能，而不是本末倒置地专注于设计花哨的包装吧，这样出来的产品也肯定没有竞争力。因此，您尽管放心，不必因为产品的包装就怀疑产品的质量，在这类产品中不存在这个问题。"

还有一种情况就是客户的回答听起来像是真正的拒绝，好像他们不需要这种产品。其实，这个时候他们也只是在找借口，有经验的销售人员总是能够找到突破口，用优秀的话术引导他们购买产品。

比如客户说“现在资金比较紧张，以后再说”时，销售人员可以这样回答客户：“您的意思是说您还是想要这件产品，价格也可以接受，只是资金有点儿困难，是吗？我想既然您早晚要用，为什么不早点买呢？早买早受益啊。而且，钱从来不是问题，您如果真的需要的话，钱的问题根本就是小问题，您说对吧？”

还有的客户在拒绝的时候会直接说：“现在不需要，需要的时候再给你打电话。”那么，这时候就可以用这种方式来回答了：“我个人非常感谢您的信任。那您的意思是说，你只是现在不需要，以后肯定会需要的，是吧？也就是说，您对产品的各方面都很满意，是吗？既然以后您一定会需要，那现在为什么不先买下来呢？可能以后就很难买到这么物美价廉的产品了。”

所以说，不管客户是真正的拒绝你还是对你的产品有异议，只要他肯与你交谈，总是能找到劝说他的突破口的。作为一名销售人员，听到客户的拒绝和异议的时候，不要急于反驳，先肯定客户的说法，找出他拒绝你的真正理由，然后进行合理的反驳，这样成功的几率就大大增加了。

避免客户的拒绝

经验丰富的优秀销售员认为，想要提高业绩，想要避免客户的拒绝，良方就是注意倾听他们的反对理由。无论客户拒绝的理由有多少，不要气馁，也不要反驳，先听听客户怎么说。乔吉拉德被称为全美“最伟大的推销员”，他曾经说过：“客户的拒绝并不可怕，可怕的是他们对你和你的产品不发表任何意见。我一向欢迎客户的频频刁难，只要他们开口说话，我就可以找到成交的机会。”这里的关键是告诉你：让客户说话。

所以，销售员们，不管你听到的拒绝理由是什么，这些理由都或多或少地给你提供了信息，这其实就是为你的销售成功提供了机会。面对形式各异的拒绝方式，销售人员需要了解客户不愿意购买的真正原因，然后才可能找到正确的解决办法，引导客户向成交发展。

那么，如何才能找出客户拒绝的真正原因并顺利化解呢？最简单的办法就是倾听：倾听客户的声音，让他说出自己的想法。

为了说服对方，说得多听得少很难达到好的效果。根据有关专家统计，客户的拒绝中有62%都不是心里的真正想法。有经验的销售人员的做法是问清楚对方拒绝的原因，而且会更进一步地问询："还有其他原因吗？"只有找到问题，才有可能顺利地完成销售。

另外，面对客户拒绝的时候，还要学会倾听。不说话不代表就是在倾听，真正的倾听需要作出一定的反应。例如，当对方陈述意见的时候要点头表示认同，让他了解你在专心地聆听，有助拉近彼此的距离，消除戒心。注意，即使对方有明显的错误也不要反驳，要耐心地等他说完，再委婉地向他讲明事情的真相。但有的销售人员就不懂这个道理，往往急于打断客户的说话，不仅得不到想要的信息，还会使即将成功的销售以失败告终。

有这样一个案例。

销售人员："先生，您好！我是××公司的销售人员××。"

客户："你是来向我推销产品的？对不起，我不需要。"

销售人员："那我方便问一下，您是真的不需要还是对我们的产品有什么意见？"

客户："我有朋友用过你们的产品，反映不太好。"

销售人员："那除了这个之外，还有其他的原因吗？"

客户："我还听说你们公司的售后服务不好，后期收的维修费用很高。"

销售人员："嗯，我了解了，您说的确实是个问题。但是同样一个产品不同人使用会有不同的感受，这个是事实。您说呢？朋友用着不好不代表不适合您用啊！而且现在市场竞争这么激烈，同行业之间的诋毁也是存在的。不过我们公司的售后服务肯定是物有所值的，这个不能单看费用吧，还要看提供的服务内容，您说是吗？"

客户："确实是。不过，我还有一些问题。"

销售人员："您请说。"

客户："你们那个……"

在这个案例中，销售人员就很好地倾听了顾客的心声，从而找出了顾客拒绝的原因，并就自己的产品和顾客提出的种种疑问进行了详细的说明和解释，化解了顾客的疑问，成交自然就水到渠成了。下面这个案例就是因不懂得倾听才失败的。

销售人员："先生，您好！我是××公司的销售人员××。"

客户："你是来向我推销产品的吧？对不起，我不需要。"

销售人员："好吧。那您为什么不需要呢？"

客户："我听说……"

销售人员："哦，您是说最近市场上说的我们公司产品出现问题的事情吧？我们的产品确实出现了一些问题……"

客户："什么？你们的产品有问题？"

销售人员："就是刚刚我说的那几点，不过不影响产品的使用，您尽管放心。"

客户："其实我刚刚是想说，听说我朋友用了效果不是很好。那既然你们的产品有问题，我想我就更不需要了。请回吧。"

销售人员："其实我们这个产品……"

客户："不好意思，请回吧。"

销售人员："那好吧，以后有机会再合作。"

这个案例中，销售人员失败的原因就是不懂得适时认真地倾听，放跑了可能成交的机会。不经意间让客户知道了产品存在的问题，而这一问题有可能是同类产品中普遍存在的并且并不影响使用的。所以，销售人员在销售过程中，一定要停下自己的话语，仔细听听顾客在说什么。然后才可以对症下药，对顾客进行有效的引导。

主动提出存在的缺点和异议

每一个销售人员都希望把自己的产品推销给顾客，所以，在面对客户的时候，肯定是把自己产品的优势尽情展露给对方。这样做当然是正确的，也毋庸置疑。但在这里要说的是，面对顾客的时候，不要一味地捡好听的说，这样也会引起顾客的反感。

有这样一个案例。

小王是一家家用电器公司的销售人员，明明产品很好，他却卖不出好的业绩。下面就是他与一位客户的交谈。

小王："先生，您好！要买电风扇吗?"

客户："你们这儿有大功率的电风扇吗?"

小王："有，您看这种怎么样?"

客户："这个造型不太好看啊！有没有好看一点儿的?"

小王："先生，咱们不能又要求好看又要求好用是吧！再说了，我们这个产品可是同行业里领先的。"

客户："那你们这个产品就没有什么缺点吗?"

小王："那当然了。我们这个可是最新研制的，都可媲美标杆产品了。您要从我们这个产品里挑毛病，那可是不容易。"

客户："那好吧。"

小王："哎，先生，您不买呀？"

客户："不买。"

小王："能告诉我为什么吗？"

客户："因为你把你们的产品夸得太好了，太完美了。但是，这世界上没有一个人也没有一样东西是完美的，或多或少都有缺点。就拿你这个电风扇来说，大功率的，散热性能很好这是真的，但是同时产生的噪音也很大，这就是它的缺点。"

小王："这是同类产品都存在的问题啊。"

客户："但是你却只字没提，让我不信任。"

小王失败的原因就在于他没有如实地说出产品的劣势，让顾客产生了不信任。产品的优势固然重要，一定要让客户知道。但是存在的缺点和异议，先主动说出来让客户了解，产生的效果会更好。

"展尽优点，不如暴露一点点缺点真实"，这是美国首屈一指的个人成长权威人士博恩崔西说的一句话。对销售人员来说，就表示不能对客户介绍的全是产品的优点。因为客户心里十分清楚，任何产品都不是完美无缺的，都会存在一些缺陷。销售人员与其掩饰产品的不足，把它们视为阻碍销售的不利因素，倒不如把这些缺点坦诚地告诉客户。诚实是获得客户信赖的基础，也会增加客户对产品的信心，不要把产品缺陷当做秘密，更不能欺骗客户。客户一旦发现销售员有意隐瞒，就不会再信任你，那么，无论此前的沟通多么愉悦也无济于事了。所以，当产品的某一项性能不符合客户要求时，或者是存在异议时，不妨主动告诉客户，然后再想办法用产品的优势吸引客户。这样不仅能掌握主动权，还能促进交易。

但是，也不能无所顾忌地向客户坦诚产品的全部缺点。任何话术都是有技巧的，“真话不全说，假话全不说”，所以，说真话也要有个度，也要讲究技巧。承认产品的不足和存在的异议也是这样，既要做到保持诚信，又不至于让客户在产品缺陷面前望而却步。对于可以告诉客户的事情，要主动、坦诚，让客户觉得你足够诚恳，但是这些问题的实质应该是无碍大局的，对方可以接受的。另外，凡是有可能会阻碍顾客购买的因素，都一定要提前了解并尽力做足功课。

说了这么多，如果还是不知道怎么去跟客户进行这方面的交流，那下面这几个话术范本，可以提供参考。

“按您的要求来选的话，这几款产品特别适合您，但是，这里面有个问题，如果满足您在持久性方面的要求，那产品的做工要求非常高，当然这样会使成本稍微高一点点，价格相应的也会稍微高点儿。不过这个不要紧，咱们先来看一下适合您的这几款产品……”

“刚刚您说的很对，也很准确。学生的辅导课程要达到相应的效果，必须在课程结束之后有一到两次的追踪辅导，不过，如果这样的话，这个培训方案在报价上就会附加一些额外的费用，这个您一定能够理解吧？这个话题我们可以稍后再谈，现在，我先给您介绍一下课程的基本内容和课时安排……”

实践证明，以退为攻的策略不失为一种有效的方法，也就是说在客户没有提出异议之前就把存在的异议先告诉客户。

“这款产品因为采用的是国外进口的原料，而且是由指定企业特别定制生产的，因此，价格方面肯定会贵一点。”

“因为我们学校是国内同行业中最知名也是最大的培训机构，培训的学生也都是以上重点大学为目标的。所以，价格方面肯定会比其他培训学校高，这一点您能够理解吧。”

这些话术范本都是把存在的异议或者是客户可能的拒绝提前讲

出来，既能取得客户的信任，又可以把客户的顾虑通过充分的交流沟通化解开来。

重新拜访拒绝过你的客户

“推销从被拒绝的时候开始”，这一点众所周知。所以，销售人员到新客户那里访问如果被拒绝，千万不能泄气，要想着在随后的一个合适时间再拜访。要想拿到对方的订单，就必须不断地努力，单凭一次访问是难以成功的，一般都要多次拜访拒绝过你的客户。毕竟，很少有人在第一次面对陌生人的时候就能和他做成生意，这也说明了再次访问的重要性。

再次访问客户的时候，有些方面需要注意。因为，再次的拜访很有可能是在很尴尬的处境下，客户会说：“不是说了不要你们的产品吗，你怎么又来了！”因此，再次的拜访一般不是应邀而来而是不约而至的。鉴于客户一般都抱有成见和警戒的心理，因此，在精神面貌方面要比第一次访问时更加积极热情。反之，若你精神准备不足，稍遇错折情绪便消沉下来，那样的话，就没有任何可挽回的余地了。

除了要保持一个好的心态，再次拜访时的话术更为关键。相信每一个人都不希望自己被别人纠缠，尤其是陌生人，再加上是自己不喜欢的陌生人，那种戒备心就更可想而知了。了解了这些，在访问客户的时候，不论是初次访问还是再次访问，最好都能尽快地、完美地结束谈话，主动起身对客户说：“谢谢您抽出时间接待我，改天我再来拜访您！”避免长时间地打扰客户，让客户感觉你是个识趣的人，懂得拿捏分寸的人，以后才会有再次见你的可能。经过几次接触，这个客户会逐渐熟悉你的面孔，也会产生一种“这个销售人员还不错，他的产品也错不了”的想法。一旦客户产生这种想法，那你离成功就不远了。

再次造访客户时，不宜开门见山地直奔主题。因为客户上一次已经直言拒绝了你和你的产品，如果再次访问的时候直接介绍产品，势必会让人更加厌烦。所以，可以先跟顾客攀交情，或者是用前面所说的开场白，请教也好，赞美也好，感谢也好，总之是不让顾客再对你产生排斥的情绪。只要这一点做到了，就可以按照步骤循序渐进地进行了。

另外，再次拜访告别的时候说话也是有讲究的。销售人员不能因为客户的态度不好流露出任何不悦的表情，即使心里不高兴也要在告别时恭敬地说：“感谢您在百忙之中抽出时间接见我，打扰您了，真不好意思”“下次还请您多关照”之类的话，并和对方握手道别。记住在离开接待室的路上遇见其他员工时也要一边点头告别，一边说“打扰了”“再见”等客气话。这样才会给客户的整个公司留下好印象，下次再来拜访的时候，大家才有可能会帮助你。

下面这个案例就是很好的说明。

销售人员：“王经理，您好！”

客户：“你怎么又来了？上次我不是说了吗，我们有合作商，而且产品很好。所以是不会和你们合作的。”

销售人员：“王经理，您误会了。我这次不是来向您推销我们的产品的。”

客户：“那你来干嘛？”

销售人员：“哦，我来是想请教您一个问题。”

客户：“请教问题？说来听听。”

销售人员：“是这样的。我是一名销售新人，有很多事情都不太懂。您方便指导一下我，像我们这种公司的产品如何才能打开销路呢？我如何向客户介绍才好？”

客户：“原来是这个问题啊，简单。在我看来，你们那个产品问题出在这里……”

销售人员：“嗯，好的，我明白了。谢谢您今天在百忙之中抽出时间见我，打扰了。”

客户：“小意思，不客气。”

销售人员：“那下次再来拜访您。”

客户：“好，好，慢走。”

这个案例，销售人员就在再次拜访之初打消了顾客的防备心理，使接下来的交流能够顺利进行。并且掌握好了分寸，在客户还没有对他产生反感的时候就结束了谈话，这一点做得很好。另外在拜访结束之时，为下一次的拜访做好了辅垫。这就是一则成功的案例。

所以，不要害怕客户的拒绝。即使是拒绝过你的客户，只要你肯再次拜访，并且用对方式、方法，总是会有机会的。

让客户自己说服自己

大多数消费者买东西的时候都有过这样的心理过程：买一件衣服，第一眼感觉衣服的款式、颜色还可以的话，那么接下来就会不由自主地进入自己说服自己的阶段。看着这件自己感觉还不错的衣服，会一边试穿一边心里盘算，它与自己的哪个包哪双鞋子搭配比较好看，什么天气穿合适，穿着它适合去做什么……慢慢地自己说服自己，这个时候如果营业员的服务体贴、周到，最终这件衣服便会被买下来。那么，这整个购买过程，与其说是销售人员说服顾客购买了这件产品，倒不如说是消费者自己说服了自己。

所以，对于销售人员来说这里有一个诀窍：那就是面对客户或者是客户有异议的时候，让他们自己说服自己。因为，我们大多数人总想让别人同意我们自己的观点，而不是自己去认同别人的观点，客户同样如此。客户对于他自己的事及他自己的问题，一定知道得比你多，所以作为销售人员，你应该让他自己作决定，让他告诉你关于他自己的事情，你只需顺着他的思路进行适当的引导与配合，让他们自己说服自己，从而以更加便捷迅速的方式完成推销。

反之，如果客户的观点你不甚同意，想阻止他，这样做其实是不明智的。因为，当客户心里有许多想法的时候，他绝不会在意你的观点。所以，要有耐心，要让顾客无所顾忌地把自己的想法说出来。只有让客户多说话，销售员才能够摸清客户的思路，才能够巧妙地对顾客进行引导，用话术引导客户作出购买决定。

让客户自己说服自己的关键是，销售人员必须要向顾客提问，并且要问到关键点上。如果切入不到主题，那不但没有效果反而会起反作用。另外，提问题时应用鼓励对方的语气或中性语气说话，如果使对方觉得你对他有丝毫的质疑，那就很不利于接下来的沟通了。

比如说，一位汽车加油站的职员在面对顾客加油时这样问道："先生，我为您把油加满吧?"在这种情况下，顾客常常会回答："可以"。如果他问顾客："您需要加多少油呀?"顾客则会说一个数。很显然，前一种问法的销售量会增加很多。好的提问应该能够引发顾客较深入、较详尽地回答，能够从中获得较多的信息。例如："你是否使用过这种产品?"这个问题的答案只有"是"与"否"，而如果问成"关于这种产品，您了解多少呢?"这个问题就好得多。

下面来看一个案例。

销售人员："王小姐，您好！我是××公司的销售人员××。"

客户："有什么事情吗?"

销售人员："我今天来拜访您主要是向您介绍一下我们公司最近新研制出来的一种全自动洗衣机……"

客户："不好意思，我们家的洗衣机还挺好的，暂时不需要换。"

销售人员："哦，这样啊。那请问一下您都在什么时间洗衣服呢？"

客户："晚饭后啊，白天上班哪有时间干家务。"

销售人员："那您有没有注意过这样会不会打扰家人休息呢？"

客户："当然会啊，洗衣机的声音很大的。可是这不是没办法吗，白天上班，只有晚上有时间。脏衣服又不能放着，孩子还等着穿呢。"

销售人员："您真是一位好妈妈。不过，我们这款洗衣机可以解决您的问题呢。"

客户："哦？怎么解决？说来听听。"

销售人员："我们这款全自动洗衣机采用最新科技，并且所用的材料都是进口的，就是为了让噪音减少一点，生活清静一点。是专门为您这种人士设计的。它是采用……"

客户："嗯，听起来还不错呢。价格呢？"

销售人员："价格方面自然是要比一般洗衣机高的，不过肯定是物有所值的。这个您尽管放心。"

客户："好，给我来一台吧。"

在这个案例中，就是顾客自己说服了自己，而不是销售人员劝说的功劳。客户在交谈过程中说出了自己的顾虑和需求，谈话的过程也是他说服自己的过程。

所以说，销售人员在销售过程中，不要自己滔滔不绝，要给客户说话的机会，让他说出自己的需求。同时要注意，让客户自己说服自己的关键在于你恰如其分地提出问题，而不是等待。

“二选一”应对客户拒绝

前面我们说过，客户的拒绝是销售人员必须要面对的，同时又是尽量要避免的。那么如何避免客户的拒绝，这里就告诉大家一种方法：二选一法则。这个法则的关键点就在于销售人员的说话技巧。

先来看看，如何用这种方法来避免客户的拒绝。

客户拒绝销售人员用的最多的借口就是：“我现在没时间!”销售人员对此应该这样回答：“小姐，洛克菲勒有一句名言说，每个月花一天时间在钱上好好盘算，要比整整30天都工作来得重要！我们不会耽误您多长时间的，25分钟就行！您看，是这周五下午还是周六对您来说方便呢?”

那么如果客户说：“我没钱!”销售人就应该说：“先生，最了解自己财务状况的人只有自己。所以说还是您自己最了解您的财务状况。要是您觉得财务很紧张，不妨现在就作个全盘规划吧，这样对将来会更有利!”或者说：“确实是这样的，经济危机，钱要省着点花，但正因如此，我们才要用最少的资金创造最大的利润。我就是想为您提供力所能及的帮助。您看，是周一下午方便还是周二上午，我来拜访您?”

还有的客户会用一种拖延时间的方法拒绝，他们往往会说：“暂时先这样吧，以后我会再跟你联系的!”这时，作为销售人员的你千万不要傻乎乎地转身就走，你应该说：“先生，也许您现在对我们的产品还没有什么太大的购买意愿，不过，我还是很乐意让您了解我们的业务，相信对您以后的选购有极大的帮助！您觉得明天或后天哪天合适，我来给您介绍一下我们公司的业务。”

有一部分客户在销售的起初阶段表现得很有兴趣，没有拒绝销售人员的意思。但是难保他不会在看似生意即将成交的时候反悔，所以可以用二选一的法则避免客户的拒绝。如何做呢？还是用话术。

在对方对产品没有多大异议的时候，要用有技巧的说话方式来避免顾客的潜在拒绝和推诿，不让他有说出来的机会。其实，做销售就像是追女孩子，要学会慢慢来和有技巧的提问。

比如说，你想问一下你中意的女孩子愿不愿意跟你去看电影，那就不能直接问。如果你问“你愿意跟我去看电影吗”，那么得到的答案就只有两种：愿意和不愿意。如果问：“你觉得周四好还是周五好？咱俩去看电影。”这就给了对方一个选择题，一般这种情况下，大多数人都会选择其中的一个，那么，无论对方选择哪一个答案，对你来说都达到目的了。

在销售中同样是这样，尤其是眼看生意就要成功的时候，千万不能问错问题，否则会前功尽弃的。比如说，你觉得时机差不多了，可以询问购买意愿了，这个时候不能直接问“您要不要买我的东西”，而是应该说“您是要两件还是三件？”“您要黄色的还是红色的那件？”“您是付现还是刷卡？”面对这样的问话，顾客的回答必是其一的选择，而无论哪种选择都不妨碍你的成交。若是前面的问法，倘若此时客户还没拿定主意，说不准就会拒绝，或是延后。而这两种状况都不利于你的销售。

推销员：“李小姐，目前，我们的宽带业务有三种付费方式：计时、包月、包年，您看您选择哪种？”

客户：“包年吧，反正是长期住着。”

推销员：“那么，您打算选择哪种带宽呢？2M 还是 4M？”

客户：“2M 吧，就一个人用。”

推销员：“好的，那我先帮您登记了，这周六上午 10 点或者下午 3 点，您看什么时候方便，我们有专业的技术人员上门为您安装，可以吗？”

客户：“好的……”

如果还是觉得不知道怎么去运用二选一法则，那么下面有几种方式可供参考。

“王经理，这个课程您是准备让五个人去参加呢还是十个人呢？”“孙小姐，您是想买功能更强的甲产品，还是外观漂亮、携带方便的乙产品呢？”“您觉得我们是明天上午送货还是下午送货对您来说比较方便呢？”

其实，客户在面对销售员的时候，很多情况下都是在“买”与“不买”之间徘徊，这就让销售变得困难并充满了不确定的因素。二选一法则就是要将客户的“买”与“不买”转变为“买一个”还是“买两个”、“买 A”还是“买 B”这样的问题，表面上看来是把成交的主动权给予了客户，但实际上客户得到的只是成交的选择权。总之，不管客户作什么选择，你都可以顺利地把产品卖给他。

二选一法则，就是针对人们面对选择时的心理，让他不得不从你给的选项里面选出一个来。所以，优秀的销售人员都懂得这个道理。要想提高业绩，那就学会运用二选一法则吧。

少用“但是”，多用“当然”

每个人都希望别人赞同自己的观点，而不是反驳自己。客户更是如此。但是，让销售人员为难的是，大部分的客户都会拒绝自己，如果不反驳而是支持客户的观点，那就没有办法成交；如果反驳的话，又会招致客户的反感，成交也无望。所以，很多人对这个问题感到甚是头疼。其实，应对客户的拒绝和异议很简单：多用“当然”，少用“但是”。也就是说，先赞同客户的观点，再迂回到自己的观点上，而不是直接反驳客户。

有这样一个案例。

销售人员："王先生，您好。对我们的产品试用感受如何呢？"

客户："我不会买你们的产品的。"

销售人员："为什么呀？"

客户："还说呢，你们的电脑散热不好，主机都烫手。"

销售人员："这怎么可能呢？我们的电脑是行业里首屈一指的品牌，散热性能比其他的都好。您使用的时候散热口是不是有东西堵着了？"

客户："没有。反正不管怎么说，我是不会买你们的产品的。质量太差了。"

销售人员："王先生，您可能有误会，我们的产品质量很好的……"

客户："什么都别说了，退货。"

上述案例中，销售人员就没有处理好客户异议的问题，致使销售失败。既然客户都已经试用了产品，那就说明对产品的整体还是感到满意的。客户对产品有异议也正常，这个时候只要先顺着客户的意思说，然后在客户不经意的时候劝说，这才是正确的方法。下面我们来看一下优秀的销售人员面对同样的问题是如何解决的。

销售人员："王先生，您好。感觉我们的产品怎么样呀？"

客户："我不会买你们的产品的。"

销售人员："我能问一下为什么吗？"

客户："你们的电脑散热不好，主机摸着都烫手。"

销售人员："您的意思是说，主机太烫的话影响使用，所以不愿意购买吗？"

客户："是这个意思。主机太烫怎么用呀。"

销售人员："嗯，确实是这样的。主机发热是不能超过国家规定的，超过国家规定的温度就是不合格的，对吗？"

客户："是这样的。"

销售人员："当电脑主机在高速运转的时候，温度能达到50℃左右，摸着烫手是正常的，对吗？"

客户："对啊。"

销售人员："所以您不必担心，尽管放心使用。"

客户："原来是这样啊，那好吧……。"

看出这两个案例的区别了吗？前面一个案例中，销售人员直接反驳了客户，失败了；后面一个采用迂回的方式进行说服，成功了。这就说明了不要直接反驳你的客户，说服客户的方式有很多种，直接反驳是最坏的一种。

面对客户的拒绝，你要做的就是说服，说服一个人说难也难，说易也易，关键看你的态度是"转折式"还是"承接式"。如果你全盘否定一个人的思想，即使你再正确，他也会排斥。但是，如果你能够先认可其中的合理性，再诱导他的思想向你的思路发展，一切就会顺理成章。"当然"，就是一种"承接"，是承认对方说法的一种话术；而"但是"则是试图改变对方的想法，要避免使用。

我们说过，客户提出拒绝是正常的，他们不是不想买，而是希望得到相应的满足。例如，追求个性的客户要产品的独特性，要实惠的客户则希望更低的价格和更多的服务……总之，这些客户是有所图的。他们希望得到的对待是满足，而不是否定，哪怕你先是肯定他，然后绕一个圈子又回到自己的观点上，客户也会觉得你是尊重他的，是充分考虑他的意见的，而不是一开始就和他站在对立面。所以，只要在自己的能力范围内，先认可客户的说法，然后提出相应的解决方法，比如说："是的，这套衣服的颜色是暗淡了一些，如果有一套同样质量、同等价位的亮色的衣服，您就会感到满意是吗?”需要注意的是，这种方法的前提一定要在自己的能力范围内，千万不要为了得到订单就置公司的规定和利益于不顾而急于答应客户，最后又无法做到，以至于给客户留下上当受骗的感觉，那就得不偿失了。

从上面的案例可以看出，销售人员面对客户的拒绝和异议，一定不要给予否决，而是应该先赞同客户的观点，再迂回进行说服。“承接式”的回答永远比“转折式”要好得多。

不被客户说服

面对客户的拒绝，有一些销售人员会说服对方，有一些销售人员则会被对方说服。如果说试图说服对方是不正确的处理方法，那么，被对方说服就更加不应该了。所以，当客户拒绝你时，既不力图说服对方也不被对方说服才是最理想的状态。每个客户都有拒绝被推销的权利，这是推销员要去尊重的规则。所以当客户拒绝时，不必急于去说服他，当然也不要被他所说服。如果你是一所舞蹈学校的推销员，向客户推销课程遭到拒绝：“我对跳舞没兴趣!”那就可以这样回答：“没关系！其实舞会只是联络感情的一个渠道，如果你对跳舞没兴趣，我们也可以在那儿喝茶、聊天，在那里认识很多朋友，生活会更精彩的，你觉得呢?”

这里就没有急于说服对方，让他认识到跳舞有多好，对跳舞产生兴趣。当然，你也不能被他说服而打退堂鼓，打退堂鼓就意味着失败。所以只能采取转移焦点的办法，把他的注意力暂时转移到别的事情上，然后再进行说服。这样比直接进行说服效果要好得多。

参考一下下面这个案例。

销售人员：“总经理，您好。我是××公司的销售人员李青。”

客户：“你是想推销你们公司的培训课程吧？”

销售人员：“如果您需要那当然好。”

客户：“我对员工的现状和工作状态很满意，所以暂时还不需要你们的培训课程。”

销售人员：“当然，我们一般情况下都是安于现状的。这样也挺好的。培训课程只是辅导员工而已，只要员工本身素质高就什么问题都解决了。您公司的员工肯定都是本科学历吧？”

客户：“哪儿有想象的那么好。有一部分是吧，哎，也是参差不齐的，不好管理呢。”

销售人员：“我觉得还好啊，您可以通过公司内部培训稍微调整一下的。”

客户：“公司内部哪儿有合适的人选呢。你们有没有适合我们公司现状的培训课程？”

销售人员：“有啊，我给您介绍一下？”

客户：“那好，给我介绍一下吧。”

这个案例中，销售人员的做法就很好，既不说服也不被说服。这样既可以避免因直接说服对方招致对方的反感，又可以保持自己的观点，让对方自己说服自己。

在销售中被客户说服还有一种情况，就是销售人员不自觉地成了客户的“维护者”，也就是无意识中被客户说服了。很多实例都可以说明这一点，例如：××公司的一名销售人员推销该公司一款价值3万元的产品给客户，客户的第一反应是价格太高，而他作为销售人员没有向客户解释为何价格高，产品的价值所在。回到公司之后的第一件事不是去思考日后如何应对这个问题，反而是向上司提出产品价格太高能否便宜一点。这岂不变成了客户的销售人员，也就是被客户说服了。

类似的例子还有很多，比如客户对销售人员所推销的产品有不满的地方，销售人员不是向客户介绍这件产品可以给对方带去什么样的好处，而是先从自身找原因，认为自己的产品确实不好。这就是无形中被客户说服了，认为客户说的都是对的。所以说，不是在言语上非要认同客户的观点才是被客户说服，其实，只要你对自己所销售的产品没有信心，就是已经被客户说服了。

有这样一个案例。

销售人员："先生，您好！我是××公司的。请问您家有高级微波炉吗？"

客户："微波炉倒是有一个，高级的没有。"

销售人员："您介意给我5分钟时间向您介绍一下我们这个产品吗？我想您肯定会需要的。"

客户："好，说来听听。"

销售人员："我们这款产品是……"

客户："产品倒是挺好的，就是价格太高了。"

销售人员："先生，我们这个价格已经不算高了。在同类产品中真的不算高。"

客户："可我还是觉得价格有点儿高，要是不能便宜我就不买了。反正家里的还能用。"

销售人员："那这样吧，我给经理打个电话，请示一下是否可以给您优惠。"

你认为这个案例中的销售人员被客户说服了吗？答案是肯定的。因为，这个销售人员认同了客户的观点，认为商品价格太高，进而才会给自己的经理打电话询问优惠的事情。或许这个销售人员自己没有意识到这个问题，但是他确实是被客户说服了。那么，这个销售人员应该怎么做才算是不被客户说服呢？其实很简单，只要向对方说明自己的产品价格确实不高，并用事实向对方证明就可以了。

所以，聪明的销售人员在面对客户的异议和拒绝的时候，不反驳对方，不试图用自己的观点去影响对方，同时也有不被对方说服的能力。做到这一点，距离成功就不太远了。

让客户说出自己的反对理由

面对客户的拒绝和异议，处理方法有很多种。我们说了，其中有一种是让客户自己说服自己，这是一种很好的方法。那么，让客户自己说服自己的关键就在于让客户说出自己的反对理由。他们反对或拒绝一种产品总是有原因的，而这个原因往往是销售人员不了解的，那就让他们自己来回答吧。

要想让顾客说出自己的反对理由，有效的方法就是和他们保持沟通。也许，他们反对的原因就是希望有人听听他们的看法。曾经有位哲学家说："许多人宁愿你静听他们的意见，而不要你回答他们的问题。"所以，要让他们说出自己的反对理由，你可以用问问题的方式引导他们谈话，一旦他们说出了自己的反对意见，他们的情绪就会自然而然地平静下来。

比如，你可以这样对客户说："王小姐，您的这个看法我很感兴趣，可否请您进一步解释一下呢？"或是，你可以直截了当地问："您这么认为的原因是什么呢？"

这里有两种可能出现的情况。一种是客户的反对意见并不十分合理，或客户自己对此也是一知半解，观念不是很成熟，这时，通常他们会坚持一阵子，然后就会承认这个问题并不重要，这个时候就是销售人员的天下了。另外一种就是客户的反对理由很合理，这个时候就需要销售人员提对问题，引导他自己说出原因。所以，销售人员要想让客户说出自己的反对理由，必须要有耐心，同时提一些引导性的问题，在收到非常好的效果的同时，还可以解决问题，提高业绩。

在这个过程中，以下几点还是需要特别注意的：要善于引导顾客说出自己的反对理由，这就要求销售人员有很好的语言表达能力，可以准确地提出问题；如果顾客的意见或反对理由不合理，那么应对他们的最好方法，就是不用管它；除此之外，顾客的反对意见有时并不合理，这个时候只要你有耐心，能坚持，他们就会放弃，而你就会成功。

我们前面提到了两种客户的反对意见，也介绍了应对的方法。但是这里还有一个问题，那就是如果客户对你的公司或服务产生疑问，对你们的诚信及信用产生怀疑，而不是针对产品本身，或者是他的依据不正确，这个时候就不能让客户说出自己的反对意见了。因为，他本身的依据就是不正确的，再任由他继续下去，无疑是错上加错。这时候就需要销售人员有技巧地去反驳他们，给他们提出正确的意见。

下面这个案例可以参考一下。

小李是一家培训公司的业务员，业绩一直不太好。而他所在的那家公司在当地却很有名气，至于为什么小李的业绩一直上不去，我们来看一下他是如何处理客户异议的。

小李："孙经理，这是我上次向您介绍的那个培训方案，您看咱们什么时候开始实行呢？"

客户："不好意思，我想我不会在你们公司预定员工培训课程了。"

小李："我能知道为什么吗？咱们之前交流的很愉快啊。"

客户："因为我后来听说你们公司的名誉不好，对待客户不像你说的那么好，有点儿不负责任。"

小李："这个正常啊。您想，任何一个公司或者单位都没有办法保证对每一个客户绝对的公平呀，您公司能够做到吗？"

客户："那你能保证对我们公司做到信守承诺吗？"

小李："这个自然可以，您尽管放心。"

客户："我不放心，所以，你请回吧。"

下面是经资深业务人员指导之后的交流现场。

小李："孙经理，您好！"

客户："你怎么又来了？我不是说了不用你们的课程了吗？"

小李："是的，我知道。我来主要是想请教您，您认为我们公司的名誉不好主要体现在哪些方面呢？我们以后好改正。"

客户："你们的问题实在太严重了。××公司是用的你们的课程吧？他们对你们的评价很不好，说你们公司的培训老师耍大牌，态度强硬，说话难听。你说这样的培训老师怎么能给我的员工上课呢？"

小李："孙经理，您为您的员工想得真周到。我想，贵公司的员工在您的教导之下，肯定都是遵守时间和纪律的好员工吧。"

客户："过奖过奖。"

小李："孙经理，您认为一个人会无缘无故地向其他人发火吗？"

客户："你是说××公司的员工素质不高？"

小李："其实呢，他们的员工也还不错，就是培训的时候有迟到和不遵守课堂纪律的现象，弄得我们的培训老师没办法讲课。当然，我们的培训老师态度也不是很好，不过也只是针对那些素质不高的人。当然，您的员工接受我们培训的时候肯定不会出现这种情况，您尽管放心好了。"

客户："原来是这样啊。那好吧……"

这前后产生了两种不同的结果，就缘自于销售人员的话术。前者没有从公司利益出发维护公司的名誉，后者却对此有很好的引导，让客户在言谈中理出一个头绪。认识到并不是因为对方的名誉不好，而是因为其他客户的原因造成的。这样，问题就解决了。所以，让客户说出他自己的反对意见吧。

让客户无法拒绝你

销售活动中，销售人员被客户拒绝是常有的事。但是，如果你仔细观察和分析，客户的拒绝理由无非就是以下几种。学会了如何应对，还发愁业绩得不到提高吗？

1. 以没兴趣为借口

"没兴趣"，这是最常见的客户拒绝理由，对此，销售人员常感到束手无策。其实应对这个问题很简单，既然他说没兴趣，那就从兴趣入手吧。

客户："我对你们的产品没兴趣。"

销售人员应该立即说："是的，我完全理解您的想法，对一个手上没有资料且知之甚少的事情，当然不可能产生兴趣，有疑虑、有问题是十分正常的，如果是我我也会如此。那么，我就更有义务为您介绍一下情况了，您看星期几合适呢？周三下午或者周四上午？"

客户："我对参加这种聚会没有兴趣！"

销售人员应该说："这一点我非常理解，先生，要我们对不了解的事物感兴趣实在是强人所难。但是，正是因为如此，我才想面对面地给您介绍一下情况，以免您有什么误解的地方。您看，星期一或者星期二我来拜访您，行吗？”

2. 以不能自己作决定为借口

这种借口也是客户经常使用的，但往往并不是自己真的不能作决定，只是一种推脱罢了。这个时候就从他口中的决定者来下手就可以了。

客户：“我得先跟我的合伙人谈谈才能作决定！”

销售人员应该说：“是的，我完全理解。那么，王先生，我们什么时候可以跟您的合伙人一起谈？”

客户：“我必须要先跟我太太商量一下！”

销售人员应该说：“好，先生，我理解，那咱们可以约您的夫人一起来谈谈。约在周五下午，或者您方便的那一天？”

3. 以已经有合作商为借口

以已经有了合作商为理由，通常有真有假。不过不论真假，与对方的言谈之中，避免谈论客户供应商的长短，这是一条原则。

客户：“我们已经有供应商了。”

销售人员应该说：“您已经有供应商了，这是好事啊。不过，我感到非常奇怪的是，既然您已经有供应商了，这个问题怎么还一直没得到解决？”

或者可以说：“那没有关系啊，既然您已经有供应商了，那我告诉您一个让您的供应商再给您降价的方法。那就是您先订一点点我们的货，然后告诉他们，看看他们有什么反应。一般情况下对方就会给您降价了。”

客户：“我们的合作伙伴很好，暂时不打算换。”

销售人员应该说："是吗，那简直太好了，您可以让我知道您的合作伙伴是哪家公司吗？因为您现在所使用的产品基本是由代理商负责的，那么，既然我和他们都是做代理的，我能帮您做到的就是比他们的价格低一点。"

4. 以其他公司价格低为借口

这个借口可能是真的对你的产品价格不满意，也可能就是不想买你的东西。这个时候不需要区别对待这两种情况，只要相同对待就好。重点是强调自己产品的价值和独特性，这样就可以驳回他的异议了。

客户："我听说其他公司比你们公司报价低。"

销售人员应该说："可能他们的报价确实比我们低，但是我们公司的这款机器不但机身小巧，而且操作简单，不需要具备高深的机械方面的专业知识，是专门为贵单位这样的公司设计的，是目前其他厂家的产品所不能比的。您所说的那个公司的产品肯定和我们这款产品有差别，所以报价不同很正常。"

5. 以不需要为借口

以不需要为借口拒绝销售人员是再平常不过的事情了。客户往往在使用这个借口的时候，仅仅只是当做借口。所以，在客户说出不需要之后，销售人员可以这样回答：

"我非常理解您，可能您对这个产品还不了解，允许我简单给您介绍一下产品，好吗？"

"买不买没关系，我们来是把我们的样品送给您看一下，您了解一下，说不准以后我们有合作的机会呢！"

"您好，请问您觉得我们的商品有什么需要改进的地方吗？请您留下您的意见，以便我们以后做得更好。”

享受客户的拒绝

作为销售人员，不时地面对客户的拒绝是在所难免的，尤其是销售新人。如果遇到拒绝只会烦恼、抱怨，那成功肯定会离你越来越远。

销售过程中有一个普遍的现象：再优秀的销售员也会被拒绝。其实，“胜败乃兵家常事”，与其逃避拒绝，不如把客户的拒绝当做一种享受。享受客户的拒绝，并在拒绝中成长成一个成功的销售人员。

一个成功的销售人员曾说过，在他漫长的销售生涯中，他所取得的每一次成功，都是因为他以乐观进取的心态迎接拒绝的结果。他认为，轻而易举地就能获得客户的订单，是万幸的事情，这种情况的出现少之又少。对他来说，拒绝不仅不能磨灭他的意志，反而是他工作的兴奋剂，可以使他的信心和能力迅速得到提高。

销售人员要想很好地应对客户的拒绝，就要首先学会享受客户的拒绝，而享受客户的拒绝需有一个好心态。这里所说的好心态就是不要有惧怕心理。很多销售人员在面对客户之前，就已经产生了害怕客户拒绝的心理，一旦这种心理存在，这次销售必然不会成功。

其次要注意的是，有一种潜意识也就是心理暗示——你在赚客户的钱，这个想法是最要不得的。试想一下，如果你是客户，有人想赚你的钱，你还会同他做生意吗？显然不会的。也许你会想，你即使有这种想法客户也不会知道，那你就错了。心理学家认为，人的心理活动都可以在人的细微表情和动作上表现出来，你的想法也同样会在与客户交流时流露出来。所以，这个想法一定要从脑子里摒除掉。

享受拒绝，说起来容易做起来难，这是很多销售人员的体会。真正发自内心地去享受别人对我们的拒绝确实不是一件容易的事，下面教你几个心理调试的方法，你可以体会一下。

首先要这样想，客户的拒绝也赶跑了你的竞争对手。客户的拒绝不只是针对你，而是对所有他不认识、不信任的陌生推销员的，所以，当客户的拒绝说出口，如果别的销售员退缩了，那么成功就可能属于你了。

另外，客户的拒绝也是你检验自己工作能力能否提高的一种方式。如果客户拒绝了你，就说明你的工作还有不足，需要改进。那么，在下次拜访客户的时候，就可以检验你的改进有没有效果。如果你被客户拒绝之后就退缩了，不找原因，不思进取，那么，你永远都不会进步。

还有一点，不要把客户的拒绝与否与此次销售的成败划等号。因为客户的拒绝并不代表着你的失败，永远不要有心理负担，这是销售中必须保持的心态。

享受客户的拒绝吧，只有真正地享受客户的拒绝，才能助你走向成功。

第六章

Chapter 6

面对客户的讨价还价：价格话术

如何让客户在砍价中拥有成就感

作为消费者，我们都知道：除了正规的商场、超市，在一般的商品市场，商品的买卖是可以议价的。有一部分消费者更是将砍价当做他们的爱好。对普通消费者来说，买东西时能压低价格，心里会产生满足感和成就感，这就是客户的一种心理欲求，销售人员要懂得去满足他们。

消费者之所以砍价，不外乎出于这几种原因：感觉价格跟价值不符，比了解的同类产品贵，还有就是经济能力确实不能承受这个价格。但是，不管是什么原因，消费者与商家议价的时候，心理上都希望能够得到更实惠的价格，这是确定无疑的。但是有一点需要销售员注意，那就是不要急于求成。

请看下面这个案例。

小赵是一家钢化玻璃厂的销售人员，刚进入销售领域，是位新人。有一天他去和一位客户洽谈，客户对产品很满意，最后谈到了价格。

小赵："我们的产品是采用特殊材料和最新科技研制的，所以价格要高点儿，每平方米80元。"

客户："80元？这也太贵了吧。"

小赵："价格总是跟价值相符合的啊。要不，您开个价吧。"

客户："55元，行就成交。不然就算了。"

小赵："行，就这个价给您吧。"

这单生意到最后并没有成功，原因就是小赵对客户的价格要求答应得太爽快了，这会让客户的心里犯嘀咕：这价格是不是还可以再低点？产品的质量有没有保证？但对于小赵来说，由于他一下子给出的是产品的价格底线，已经没有了任何回旋的余地，所以生意失败了。销售人员既没有赚到钱，又没有让客户满意，可谓得不偿失。

与客户讨价还价时要注意把握尺度，不能答应得太爽快，让客户产生疑惑；也不能一点余地都没有，让客户无法体验讨价还价的乐趣。

所以销售人员在与客户议价的过程中，可以稍微抬高产品的价格，预留出讨价还价的价格空间，不要轻易妥协。对于客户来说，太容易得到的东西他们不会珍惜。所以，在客户面前要表现出割爱，表现出你是很不情愿以这个价格把产品卖出去的，你给出的价位已经是让自己利润薄得可怜的底线了。客户只有感觉到在你这里占到了便宜，享受到了别人享受不到的优惠，心理上才会有一种满足感，才会高兴地与你合作，那么，你的生意就会越来越好了。

看一下下面这个成功案例。

还是小赵，在经过资深销售员指导后，他终于获得了销售的成功。

小赵："孙先生，产品您还满意吧？"

客户："嗯，确实，产品挺不错的。咱们来谈一下价格吧。"

小赵："是这样的，孙先生。我们的产品因为采用的都是特殊材料，并且是用最新科技研制的，所以价格要稍微高一点儿。每平方米70元。"

客户："70元有点儿高了吧，最低价多少？"

小赵："孙先生，所谓一分价钱一分货，不能再低了。"

客户："买卖从来都是讨价还价的，价格没有浮动空间，让我们怎么买你们的产品。"

小赵："我们这款产品确实是这个价位，不过看您这么想买就给您优惠价吧，每平方米65元，您看怎么样？"

客户："55元吧，可以的话就用你们的产品了。"

小赵："孙先生，我们这个产品真的卖不了那个价钱。您再给加点儿，不然我们该赔钱了。"

客户："55元吧，再高了我们就不能接受了。"

小赵："孙先生，我看您也是真心想买。这样吧，我给您优惠，咱们折中吧，60元。我们这个价一般是不卖的，是看在您喜欢的份上，不能再低了。"

客户："那好吧，就这个价吧。"

这次小赵就获得了成功，原因就是抓住了客户想占便宜的心理，让客户在砍价中得到心里的满足。这样既能让客户在开心的状态下购买产品，还能够获得更多的利益，何乐而不为呢？

所以，销售人员在销售过程中不要给客户的砍价空间过于狭小，同时，也要注意不要太爽快地答应他们的降价要求，要表现出很为难的样子。这样，经过讨价还价的过程，他们的心里才能得到最大的满足。客户在你这里得到了满足，买到了中意的产品，享受了购物的乐趣，下次他再购买此类商品时就不会到别处去买了。因此，你在获得了一次成功销售的同时，也许还获得了一位忠实的客户。

不接受第一次的议价

我们前面说了，销售人员不要太轻易地接受客户给出的价格，这会让客户没有成就感。这里说具体点儿就是，不要接受客户的第一次议价。

多数人都有这样的感受：总是怀疑太过容易获得的东西。一方面，在人的潜意识中，都认为得到就必须有所付出，是需要通过努力才能获得的。太容易得到，会让人怀疑自己是否中了圈套，自我防御意识就会不自觉地产生。另一方面，对方一看你答应得如此干脆，会认为应该还有议价的空间，进而会得寸进尺地向你要求更低的价格。

很多销售人员在与客户谈判中，对买主都有一个心理预期，同时也为自己设定了谈判的底线，这其实对你很不利。在销售中，给客户制订一个你自以为的所谓的最低预期，也是非常不明智的。这样容易出现的结果就是，当客户提的要求，在你可以接受的范围内时，你便会立即答应客户的要求，这样很有可能会导致成交的失败。

看这样一个案例。

小马是一家品牌服装店的导购，公司规定价格的最低折扣是原价的八折。按理说，品牌服装可以打折，小马的销售业绩一定不错，可事实恰恰相反。我们来分析一下原因。

小马：“小姐，这件衣服穿在您身上真漂亮。”

客户：“我感觉也还不错。多少钱？”

小马："这件衣服是299元。"

客户："这么贵！能便宜点儿吗？"

小马："小姐，我们这款衣服便宜不了。"

客户："怎么会便宜不了呢？我是真的喜欢这件衣服，这样吧，我也不嫌这个数字难听，250元吧，可以的话我就买了。"

小马："好吧，按这个价卖给您吧。"

客户："算了，我还是不要了。"

在这里小马由于自己预先设置了一个可以接受的价格底线，当客户提出的要求在可以接受的范围内时，就马上接受了。但是客户觉得价格还可以更低，或者认为砍价如此容易也许衣服质量有问题，所以决定还是不买了。这就是销售员心理预期惹的祸。

在与客户议价的过程中，不要设置心理预期是一方面，另一方面，也绝对不能接受客户的第一次出价或还价。这是优秀的销售人员总结出来的经验，也是销售人员一定要遵循的原则。因为，一旦你接受了客户的第一次出价或还价，会使自己陷入被动，从而为自己争取更多利益的想法也就不能实现了。

所以，对于客户的第一次出价或还价，销售人员一定不要怕生意不成交就匆忙地接受。要想应对这类问题，你可以利用上级领导作掩护。要知道，第一次还价或出价只是客户的试探而已，一旦你接受了，客户就有可能得寸进尺或者对你的产品产生怀疑。尽量让客户看到这样一个现象：你接受他的价格显得非常不情愿，是勉为其难的。这样，客户才会认为自己赢了，从而满心欢喜地买走你的商品。

销售人员不要接受客户第一次议价的同时，还要注意一定要沉得住气，哪怕客户已满脸不耐烦也要坚持。讨价还价是一场"耐力"竞赛，谁心急，谁就失败。销售员面对客户的层层紧逼要力守每一道防线，撑到最后，你就胜利了。

有这样一个案例。

徐清是搞服装零售和批发的，最近手里有一批货很不好卖，他总想着把货给批发出去。这天好不容易来了一个从事批发生意的顾客，徐清就迫不及待地想促成交易。

徐清：“您看这产品没问题吧？要多少货？”

客户：“先谈谈价钱吧。”

徐清：“这种衣服现在市场价卖90元，我按批发价给你，每件50元。”

客户：“50元太贵了，我们接受不了。35元，行的话我们就多批点儿。”

徐清：“行，行，那就这个价给你吧。”

客户：“这么爽快？不会是你的产品有问题吧。那我们还是再考虑考虑吧。”

徐清：“绝对没问题。要多少？”

客户：“这样吧，我们要是需要再联系你吧。”

就这样，这单生意失败了。原因就是徐清太过于心急，想把这批货赶快脱手。但是过于心急就会让对方觉得这里面有问题，进而就会犹豫要不要买。

所以，有经验的销售人员都不会接受客户的第一次议价，也不会在推销的过程中表现出过于急切和热情。

先强调价值，再谈价格

同样是一句话，由不同的人用不同的方式说出来，效果就会完全不同。在销售中同样如此，同一种产品，同一种价格，不同的销售人员采用不同的销售策略，最终的结果可能完全不同。这取决于销售人员向顾客介绍产品时所使用的话术。

所谓话术，就是先说什么后说什么，关键是要先充分地展示产品的价值，然后才向客户报出价格，让客户在充分了解产品价值的基础上，进而判断这件商品的价格是否合理，这样就能避免客户对价格的不合理预期，有助于达成交易。

所以，在向客户展示商品时，销售人员可以运用一些技巧来强化产品的优点并突出客户需求的产品价值，以此让客户觉得这件商品是物有所值的。

下面是两个对照的案例，可以参考一下。

案例一：

销售人员："小姐，您好！需要帮助吗？"

客户："这件衣服给我看一下。"

销售人员："好的。"

客户："这件衣服怎么卖？"

销售人员："589 元。"

客户："怎么这么贵，能便宜点儿吗？"

销售人员："不能便宜。它是今年新上市的春装，而且采用的是优质面料，您可以看一下这个料子，用手摸一下，感受一下。"

客户："就算你说的都对，也不值那个价钱啊。便宜点儿就买了。"

销售人员："真的不能便宜。您可以感受一下，这个料子很好的。"

客户："那算了吧，我再转转。"

案例二：

销售人员："小姐，您好！需要帮助吗？"

客户：“我先随便看看。这件衣服给我看一下。”

销售人员：“好的，小姐，您眼光真好。这款衣服可是今年新上市的春装呢，而且所用的面料都是特别高档的，穿在身上非常舒适。”

客户：“好，我先试试。”

销售人员：“您请，这边请。这件衣服穿在您身上真好看。”

客户：“多少钱？”

销售人员：“因为所用的是优质面料，所以价格方面会相应的高点儿，589 元。”

客户：“确实有点儿贵啊。”

销售人员：“小姐，您应该这样想：买一件质量好的衣服，穿在身上既舒服，心情又舒畅。而且质量好的衣服才显得档次高。”

客户：“不能便宜吗？”

销售人员：“确实不能便宜了，我们这儿的衣服都是物有所值的，您买了准没错。”

客户：“行，那就给我包起来吧。”

这两个案例的失败与成功，就在于销售人员说话的技巧：到底是先谈及价格还是价值。如果先谈价格，顾客感觉到贵了再说价值，就会让顾客觉得你是在说服他；如果先说价值，就会得到不一样的结果。不过，如果顾客主动问起价格的话，就要在告诉他价格的同时强调产品的价值，万不能不说或稍后提及。

顾客对价格有异议很正常，这种异议也是销售过程中普遍存在的。顾客买东西，无论价格高还是不高，都会砍价，其实他是告诉你他很在意价格。此时，销售人员不能再顺着顾客的思路揪着价格不放，这时再强调一分钱一分货是没用的，你应该做的是给客户一个理由，让他觉得为这件商品付款是值得的。

在对客户进行产品与价格的介绍时，可以这样说：

“是的，与同类产品比起来，我们的产品价格是高了点儿，不过看事情要看两面，我们的产品质量和同类相比是最好的；除此以外，我们还提供最周全的服务，如一年三百六十五天全天二十四小时的专业维护，一旦产品出问题，您随时可以得到我们专业工程师的帮助，免除您的后顾之忧。这就相当于您身边有一位全职的专业技术人员，从这个意义上讲，我们的产品可真不算贵了！”

或者可以这样说：

“您说的没错，这个价格在同类产品中确实不便宜，但是，您也得注重价格背后所附带的价值啊。我们承诺我们的产品在正常使用的情况下可以使用八年以上，一般的产品能使用四五年就不错了。这么说的话，我们的产品还算便宜的呢！”

这两种说法分别用的是附加价值和价格分解的方法，用这两种方法说服客户，可谓是屡试不爽。试想一下，如果有两种产品让你挑选：一种质量差，寿命短，但价格低；而另外一种质量上乘，使用寿命长，但是价格偏高。你会选择哪一种呢？我想一定是第二种吧。产品质量如果过硬的话，价格毕竟还是在其次的。

所以，销售人员在进行销售的活动中，一定要掌握好谈论价格的时机，适时地强调价值，这一点在销售中很重要。

说服杀价顾客成交

前面说到的是针对一般性客户的讨价还价。还有这样一类客户，他们不管买什么，不管价格高低，都要砍价，已经成为了一种习惯，销售人员面对这样的客户一定要区别对待。

比如一位顾客说：“你们这款产品质量倒是不错，就是价钱太高了。”这个时候你可以这样回答他：“是的，先生，我理解您的这种想法。每一个顾客在选择产品的时候，都希望拥有产品的质量、良好的售后服务和最低的价格。但是，现实中没有一个公司能够同时给顾客提供这三种优惠。良好的品质、完善的售后服务和最低的价格，这三者是不能同时存在的。现在看来您对我们产品的质量很满意，那么，您是想放弃完善的售后服务呢还是最低的价格呢？所以，有的时候我们稍微多花一点儿钱，能够获得高品质的东西，还是很值得的，您说是吗？”

通常，这类顾客不是真正地对价格有异议，所以就不必在价格的贵与不贵上费口舌。这个时候，只要刺激他们一下，或者是反问一下，让他们自己去想，一般情况下就可以成交了。

另一种应对方法就是把顾客的注意力吸引到价格之外，或顾客感兴趣的其他地方。一旦他们的注意力被转移，就不会轻易回到价格问题上了，原因是他们心里并不认为这个价格很离谱。不过这一种方法不适合对价格很敏感的客人，要区别对待。

如果你作为一名销售人员，有一位顾客在看了你的产品后自言自语道：“价格有点儿高啊。”这个时候你最好保持沉默，因为，如果他对你的产品真的有异议的话，就会很认真地跟你交谈这个问题，如果不是的话，那就是他在自言自语。客户的自言自语虽然能够反映一定的问题，但只要没有放在桌面上谈，那就不是大问题。所以，最好忽视，等到必须要谈这个问题的时候，再来谈也不迟。或许，他看了你的产品觉得物有所值，就会不问价格买下了也说不准。

有这样一个案例。

小宋是一家软件公司的销售人员，他与客户约好了洽谈的时间。到了约定的时间，小宋来到了这家公司。

小宋：“李经理，您好！这是我先前跟您说的最新研制出来的软件，您看一下。”

客户：“嗯，确实不错，不过价格有点儿高啊。”

小宋：“那天我跟您说的价格已经不高了，因为您是老客户才给您这个价钱的，要是再低了我们就不能卖了。”

客户：“那行，我再考虑考虑吧。”

这次失败，小宋不明白问题出在哪里。因为之前的沟通进行的很顺利，客户突然就决定不买了，让小宋很是费解。然而同一个客户，小王却搞定了。

小王：“李经理，您好！这是跟您介绍的软件，您看一下。”

客户：“你们的软件我看过了，确实不错，就是价格有点儿高。哎，你们还有其他的相关服务吗？”

小王：“这个自然是有的。我们会给您提供……”

客户：“嗯，确实不错。能优惠点儿吗？”

小王：“李经理，您也知道，一分钱一分货，产品在这儿摆着呢。低廉的价格和优质的产品及服务总不能同时存在的吧，您说呢？”

客户：“那好吧，就用你们的产品了。”

这里，小王就获得了成功。其实这个客户对于产品价格的异议，只是表面上的，是消费者的本能反应，一旦销售人员不支持他的说法时，他也就不再在这个问题上纠缠了。

案例中的小宋，不明白客户对价格的异议只是一个习惯性行为，所以才会急于向客户说明价格的合理性，但这恰恰引起了客户的反感，因为他反驳了客户的意见。而案例中的小王是一个聪明的销售人员，他知道客户不会在乎价格，因为他对产品非常满意。知己知彼，采取相应的策略，获得成功也就是理所当然的了。

所以，销售人员面对客户的价格异议，要懂得去区分客户属于哪一种类型，并不是所有的客户都需要你去向他们证明你的产品是物有所值的。不太在乎价格的客户，只会考虑你的产品是否符合他们的要求。一旦这种类型的客户想买你的产品，而你又在那儿喋喋不休地大谈你的产品如何好的时候，就会引起对方的反感，那生意也就谈不成了。所以，在进行价格说服之前，不妨先看看对方属于哪一类客户，然后再采取下一步的行动。

如何回应客户的询价

销售中，顾客询价是很寻常的，毕竟很少有人不问价钱就购买商品。而向顾客报价是很有学问的，稍一疏忽，就会导致销售的失败。

在销售活动中，销售人员唯一的目的就是成交；但同时，价格却是客户最为关心的问题。那么对于销售人员来说，如何向客户报价，怎么样报价最合适，什么样的价才是成交价，这些问题都能决定销售人员的成败。

假如你向客户提前报价，甚至还没有谈妥细节就报出价格，很有可能给客户带来心理压力，降低客户的购买意愿；而如果你没有发现客户的成交信号，贻误了报价的最佳时机，也会让客户失去购买的欲望。所以，作为销售人员，要学会适时地报出产品价格，并且价位一定要合适，这样才能让客户没有任何心理负担，顺利地与你达成交易。

1．面对客户问价，要分清是否是潜在顾客

很多销售人员都这样认为：来问价的客户都是想买产品的客户。其实这样一种想法是错误的，并不是每个来问价的都是想从你这儿

买产品的。众所周知，买东西要“货比三家”，只有这样才能买到自己最满意的、价格适宜的产品。所以，来问价的客户当中有的只是单纯来问价的。销售人员面对客户问价时，首先要做的工作是判断他是不是你的潜在顾客。

那么如何分清楚呢？如果他只是简单看了一下产品就问价钱，那多半只是单纯问价的。如果他很详细地了解你的产品，然后才问到价格，这很有可能就是你的潜在客户了。分清楚状况，对待前者不宜给他明确的价格，而对待后者，却一定要讲清楚、说明白。

2. 报价要迅速、准确

一旦客户想要买你的产品，就会问价格。而这个时候，向客户报价一定不要拖拖拉拉，要准确、快速。有的销售人员总觉得还没有向客户介绍清楚自己的产品，因而客户问价的时候还在喋喋不休地说，不及时报价很容易让客户感到厌烦，从而很有可能导致失败。另外，需要注意不要在聊天过程中报价，这样会显得你很不专业，一定要很正式地向客户报价；除此之外，如果是大型业务，报价表上就一定要有详细的产品照片、产品描述、产品包装说明、体积、重量等内容，这样才会显得专业，容易获得对方的好感和信任，从而提高成交的几率。

3. 最少给对方提供两种选择

一个消费者面对任何一种商品，常会感觉到价格高，这是习以为常的事情。觉得价格高的原因，或是因为自身经济实力的问题，或是因为购物的惯性思维问题。那么，这个时候给他们提供最少两种选择，就基本可以解决这个问题了。

有两种以上的选择，前者可能会购买价格比较便宜的，或者会狠狠心买价格高但质量好点儿的；而后者，本身并不会太在意价格，所以成交的可能性还是很大的。提供最少两种选择的同时，还要给客户一个心理暗示：价格是与商品价值成正比的。这样，客户就不会觉得产品价格离谱，也不会产生很大的心理落差。

看一下下面这个案例。

客户："你们这里有没有适合小学生使用的学习机?"

销售员："有的，您这边请。不知道您最关心的是产品的哪方面?"

客户："功能和价格吧。"

销售员："这一款是我们这里卖得最好的。功能齐全，外表设计新颖。另外，这边这一款的功能和它差不多。"

客户："那这两种价格一样吗?"

销售员："不一样。前边的那种价格要高，后面的要相对低一点儿。因为，它们虽然功能类似，但是做工和质量方面有差异。您看您想要什么价位的?"

客户："还有其他的吗?"

销售员："其他种类的也有，就是功能可能稍微少点儿。不过相应的售后服务都很好。所以，总地来说价格还是差不多的。"

客户："这样啊，那我要前边那一种吧。"

这个销售人员就懂得根据客户的需要给客户两种以上的选择，让客户根据自己的需求和经济能力决定要购买的品种。不过，这里最关键的是销售人员要先分清楚他是否是你的潜在客户。

因此，销售人员在向客户报价的时候，一定要选好时机。并且对不同的客户要不同对待，选择恰当的时候，合理适时地报出产品的价格。

俗话说得好：心急吃不了热豆腐。在向客户报价的时候一定不要着急，如果心里总想着自己的目标，没有考虑到客户的利益，而匆忙地报出了产品的价格，那么，客户在得不到自身利益的同时，成交就是小概率事件了。

整个销售过程，大部分客户都非常关心产品的价格，所以，销售人员在报价之前一定要三思而后行，尽量把所有的因素考虑周全，报出的价格要合情合理。

让降价帮助成交

既然商品买卖可以讨价还价，那么，销售人员降价销售产品也就是情理之中的事了。不过，降价也不是随意的，不能为降价而降价，要让降价帮助你成交。

有的人会问：降价不就是为了成交吗？这个答案是肯定的。但是，并不是每一次降价都能促成销售，甚至有的时候不仅不会促成销售，还有可能导致销售失败。因此，如何降价就成为销售人员必须掌握的技巧了。

有这样一个案例。

销售员："先生，您好！需要什么帮助吗？"

客户："有没有适合办公用的电脑。"

销售员："这边这几种都是。您对配置有什么要求吗？"

客户："一般的就可以，又不玩游戏用。"

销售员："那您看这一款怎么样？它的配置是……"

客户："还可以，多少钱？"

销售员："这款电脑卖 4500 元，不过您要是诚心想买的话，4200 元就可以拿走了。"

客户："4200 元也有点儿贵，还能再便宜点儿吗？"

销售员："不能再低了，再低我们就该赔本了。"

客户："那我再考虑考虑吧。"

这位销售员的失败是因为他急于成交，在还没有摸清客户底牌的情况下，就随意主动地降价。这样，不仅会让客户怀疑产品质量，还会给客户一种感觉——还有降价的空间。所以，在给客户便宜价格的时候，一定不能太爽快，也不能一次降到位，要循序渐进，分段说服。

"门槛效应"是心理学家提出来的一种理论，也为销售中的分段说服提供了理论依据。这个效应是说：一个人一旦接受了别人一个无关紧要的要求，接下来别的要求也就会接受了，甚至是不怎么合心愿的要求。同样，若拒绝了别人提出的第一个要求，往往第二个要求也会拒绝。因此，在销售过程中，销售人员如果先将客户的异议进行分解，然后再循序渐进地开展说服工作，这样不断积累双方的共同认知，异议就会逐步缩小，成功的可能性就会增大。比如，一般的消费者对产品的异议多出现在价格上，但其购买某种产品时则要综合多方面的因素才能作出决策，也就是说，他在对价格有异议的同时，更关心的其实是产品的价值。

优秀的销售人员往往不会在讨价还价上牵扯过多精力，他们会首先把客户的利益摆在第一位，当客户意识到他们的需要销售员都能给予满足时，那么，产品在客户心中的价值就会得到提升；其次是强调产品的服务保障，进一步消除客户的疑虑；最后，再来商定价格。如果客户对产品的以上几点都满意的话，那么，给他稍微便宜点的价格，成交就很容易实现了。

给客户降价要看准时机、把握尺度，同时，要准确识别客户的购买信息。在销售中，客户不是一开始就想要买产品的，购买意愿都是在销售员恰到好处的介绍和推动下，慢慢形成的。所以，销售员要知道什么是客户想要购买的信号。只要客户有购买意愿，相应的购买欲望就会不断增强，直到增到最强的程度，这时候客户就会作出购买的决定，而且这种内心的决定会通过客户的言行举止表现出来，这就是成交的最佳时机。如果销售员及时识别这些信号并采取措施适时促成交易，客户会很容易在订单上签字。但是如果错过，客户的购买欲望就会降低，一旦出现这种情况就很难再次唤起客户的欲望，而且随着销售员拖延的时间越长，客户的购买欲望就会越低，直到最后取消购买决定。可见，要想提高业绩、获得更多的订单，那就要在客户发出购买信息的时候促成交易。其中，降价是促成这类交易的最常用手段。

因为当客户发出购买信号的同时，他已经对产品本身没有多少异议了，剩下的异议估计就是价格问题了。所以，销售员这个时候给出便宜价格，会让他们觉得捡到了便宜，毕竟多数人都喜欢捡便宜，尤其是在销售中。

有这样一个案例。

销售员：“王小姐，您对这个产品还有什么问题吗？”

客户：“售后服务怎么样？”

销售员：“这个您尽管放心，我们的售后服务在是有目共睹的。您如果现在购买的话，可以享受我们的优惠价。”

客户：“优惠价？”

销售员：“是的。为了答谢广大用户朋友，我们公司特推出10种产品在节假日期间进行优惠价销售活动。您看中的那款产品恰好就在其中，可以享受八五折优惠呢。”

客户：“这样啊。”

销售员：“您是刷卡还是付现？”

客户其实已经对产品本身没有什么异议了，所以，及时用优惠价格，即降价来促成这笔生意，才是一个聪明优秀的销售人员应该做的。

讨价还价中的原则

客户对产品价格有异议是很正常的，销售活动中出现讨价还价更是司空见惯的事。所以，销售人员必须经历与客户讨价还价的过程。那么，在与客户进行价格商讨的过程中，就有要遵守的原则，既不能无所顾忌地对客户让步，也不能寸步不让。下面就告诉大家应该注意的几个问题。

1. 维护公司的利益

销售的目的就是要获得利益，公司如此，个人更是如此。所以，销售中的一个原则就是要维护公司的利益，同时要让自己有利可图。

有些销售人员不注意这个问题。在与客户沟通中，常常没有原则，为了成交，客户要求什么就答应什么。这样虽然看起来很容易成交，但其实容易造成公司和个人信誉的丧失。想想看，如果销售人员承诺给客户的事情，是损害公司利益的，或者是公司规章制度上所不允许的，那么当客户要求兑现诺言的时候，销售人员往往办不到，这样的话，不但造成客户流失，还会损害个人及公司的声誉，后续的销售工作就更不好做了。

有这样一个案例。

销售员："对不起，孙先生。我不能以那个价钱给您供货了。"

客户："什么？那你让我们公司怎么办？"

销售员："实在是不好意思。我当时跟您说的价钱不符合我们公司的规定，所以，现在办不成了。"

客户："你们怎么搞的？难道员工都不清楚自己公司的规章制度吗？还是没有教给你们应该怎样认真对待客户？算了，有你们这样的销售员，估计你们的公司也生产不出什么好产品，不要也罢。不过你们得退还我们双倍的押金作为补偿。"

这个案例，就是因为销售人员的失误，导致了最后的失败。因为销售人员在与客户进行价格谈判的时候，一味地追求成功而没有顾及到公司的利益，最后导致损害了公司的声誉。

2. 价格高低总是相对而言的

同样一件商品，不同的顾客对其价格高低的判断会完全不同。高与不高都是相对来说的，既分不同的人，自然也分同一个人处在一个什么样的环境下。所以说，如果你的商品能满足顾客的需要，他就不会觉得你的商品价格高；反之，如果顾客认为某种商品的价格昂贵，那多半是因为他目前不需要那种商品，或者是他真的囊中羞涩。

综上，销售人员在给出产品报价的时候，要充分顾及到顾客的心理状态及其需要倾向。在双方洽谈过程中，销售人员只要充分意识到这一点，往往就能在谈判中获得讨价还价的胜利。

3. 要让双方都让步

在销售中只要存在讨价还价，就必须得有人作出让步。消费者自然是想用最低的价钱买到商品，而销售人员同样也需要维护自己的利益。所以就需要双方都作出一定的让步，因为在谈判中，单方面让步的一方最终所获甚少，而这一点是消费者和销售员都不想得到的结果。除此之外，单方面的让步易被理解为软弱、缺乏目标，或被以为你有很大的余地支持你表现大方，这可能导致最终失去你应该拥有的全部或大部分利益。不过，单方面让步可以在特别的情况下作出，如完成交易，或者对方停止进一步接触时。而此时让步的目的就是为了让谈判重新开始，以获得利益。总之跟利益是分不开的。

4. 确保你的谈判余地

既然作为销售人员的最终目的是获得利益，那么，就要在与客户进行价格谈判的时候保留自己的余地。比如某个产品的底价是50元，就至少要说60元，原因是要给客户的砍价预留空间，如果和顾客在60元以下达成交易，那么，顾客会觉得你作出了很大的让步，他买得很值。

要确保你在讨价还价中的谈判余地，同时又不让对方感觉出来你是在漫天要价。所以报出的价格一定要合情合理，这样消费者才会与你进行下一步的交流。

“嫌货才是买货人”

在销售界有一句话说：“嫌货才是买货人。”说得很好，也被绝大多数人所认同。想想看，客户之所以挑你货物的毛病，不正是说明他对你的产品有兴趣吗？顾客只有对你的产品产生了兴趣，才会认真地研究你的产品，提出更多的问题，这是事物发生的必然规律！如果客户对你的产品和你的介绍都无动于衷，没有赞赏也没有异议，那这次的交易肯定是失败的。因为，对方对你的产品完全不感兴趣，因而就没有购买欲望。顾客对产品价格的异议也是同样的道理。

比方说，你向一个工薪家庭推销一种别墅型住房，即便你口若悬河，大谈什么环境、环保、适宜居住之类的，顾客还是不可能有什么兴趣的，因为他的收入根本买不起别墅。但你要向他推销一件衣服或一件电器，也许他会很认真地跟你说：“这件衣服款式有点老，衣服料子也不是很好……”虽然他有这么多问题，但是实际上，这个顾客对你的产品是有些心动的，他的话已经无意识地告诉销售员“我很有兴趣买一件”。即使这位客户现在不买，那他也是你的将来的潜在顾客，一定不能忽略。

客户对你的价格有异议，说明他是真地想买你的产品了。所以，这个时候集中精力跟客户进行价格方面的探讨就可以了，再多说别的不仅无益，还有可能会招致客户的反感。请记住这一点：当客户对你的产品价格产生异议的时候，不要轻易放过，你的成交机会来了。

有这样一个案例。

销售人员：“小姐，您好！要买衣服吗？”

客户：“我随便看看。”

销售人员：“好的，您随意。”

客户：“这件衣服多少钱？”

销售人员：“打完折是248元”

客户：“哦，那这件呢？”

销售人员：“稍微贵点儿，299元。您喜欢哪件啊，可以试穿一下。”

客户：“哦，没事。我就随便看看。”

这种情况下的，销售人员就不要再白费口舌了。因为，客户对你的产品根本就没兴趣，她或许就是来问价的。如果一位顾客对你的产品感兴趣，肯定会先关心产品的质量和功能，并会对你给出的价格表示一定的看法。无动于衷和不发表意见的客户，都不是你的潜在客户。所以说：“嫌货才是买货人。”

看一下下面这个案例。

小薇是一家品牌服装店的导购人员，她的工作做得很出色。

小薇："您好！需要帮助吗?"

客户："我们先随便看看。"

小薇："好，请随意。"

客户："这件衣服给我看一下。"

小薇："小姐，这件衣服穿在您身上真好看。"

客户："是吗？我怎么觉得不太适合我呢。"

小薇："我看倒不是不适合。您以前都是穿休闲类的衣服吧？这件时尚版的衣服穿在您身上显得您更高挑了。只是不是您平时穿的风格，您可能一时半会儿觉得不习惯罢了。"

客户："那这件衣服多少钱?"

小薇："389 元。"

客户："有点儿贵啊。"

小薇："价钱都是跟价值保持一致的啊。您想想看，如果您拥有这样一件衣服，出席正式场合的时候不是会显得很有品位吗?"

客户："那好吧，给我包起来。"

这位客户先是对产品表达了满意，然后对价格产生了异议。到这个阶段，促使这次销售的成交就非常简单了。

记住，"嫌货才是买货人"，只有客户对你的产品表达这样那样的不满意，他们才是真正想要买你东西的人。在销售中，不论处理什么样的客户异议，都要先分清他们是否要购买你的东西。如果不是，那你做多少工作都是徒劳的。

第七章

Chapter 7

维持与客户的关系：维持话术

说出客户的名字

乔吉拉德是世界上有名的销售大师，他在与客户进行销售沟通的时候，会先叫出对方的名字，因为名字对于一个人来说很重要，尤其是与陌生人打交道的时候。销售中的开场白是这样，后期维护客户关系同样是如此。

卡耐基是美国心理学家、人际关系学家，他曾说过：“一种最简单但又最重要的获取别人好感的方法，就是牢记他或她的名字。”因为，无论在何种语言环境中，无论对谁，最重要和最动听的字眼就是他自己的名字。销售中也是如此，谁都喜欢被别人叫出自己的名字，所以，不管客户是什么样的身份，与你的关系如何，你都要努力将他们的名字牢牢记住，这会使你的销售变得顺利。如果你在销售一开始就叫错了客户的名字，或者是后期关系维持中叫错了名字，那接下来要发生的事情就无力回天了。

有这样一个相关案例。

小王是××公司的一名销售人员，刚刚谈妥了一单大生意，今天就要和客户签合同。

小王："孙先生，您好！这是我们上次谈的那个产品的报价单，您看要是没问题的话咱们今天就把合同签了吧。"

客户："你记忆力很不好吗？"

小王："还可以。有什么问题吗？"

客户："我先看看报价单吧。"

客户看完报价单，却决定不与小王进行合作了。

客户："真是不好意思，我想我们不能进行合作了。"

小王："为什么？咱们不是谈得很好吗？您对产品也很满意啊。"

客户："说实话，我对你们公司的产品确实很满意，也一度想要和你们进行合作。今天，我突然决定不和你们进行合作的原因，你很想知道吗？"

小王："请您告诉我吧，我好改正。"

客户："一个人的名字对于每个人来说都是很重要的，你记得住记不住对方的姓名，也可以反映出你对对方的重视程度。你刚来的时候就叫错了我的姓，我不姓孙，我姓李。或许你是因为紧张和激动才叫错了，但是，从这方面可以看出你对这一单生意不够重视。对于不重视客户的公司和销售人员，我们不会和他们进行合作的。"

小王的问题就是记错了客户的姓名。或许，有的销售人员觉得名字没有什么了不起的，但是，一旦你叫错了客户的名字，就会给对方留下一个办事不认真、不严谨的印象。而这个印象留下之后，再想与之进行深一步的接触就很难了。

另外，记住客户的名字并很熟悉地叫出来，还能增进双方之间的感情，对于销售工作是很有帮助的。就像朋友之间互叫名字是很正常的事情，也能说明两个人之间的熟悉程度，有了感情在心理上就不会拒绝对方的要求，这是很普遍的一个现象，销售人员不妨利用这个现象来为自己的工作开道吧。

有的销售人员要问了，在销售中，关键问题是第一次接触客户的时候，根本就不知道客户的名字，那该怎么办呢？这也是有办法的。不知道客户的名字就要问，而问是有技巧的。直接问不行，显得唐突，不如说话说半句："您是……"这时，一般情况下客户都会自己接过话说出自己的名字，这个问题就解决了。但要注意的是，客户已经告诉你名字，如果还重复问的话就会让对方反感了。所以，一定要记住客户的名字，这对一个销售人员来说非常重要。

但是，光记住客户的名字还不够，最好让对方也记住你的名字。做成朋友是双方的事情，"剃头挑子一头热"是不行的。所以，努力在记住客户名字的同时，也让他记住你的名字吧。

让第三方为你说话

维持客户关系，最重要的是让客户对你产生信任的感觉。如果双方之间最基本的信任都没有的话，那销售成功就是无稽之谈了。这个时候，让第三方为你说话，是一个有效的方法。

因为在销售中，各方有各自的立场，客户可能会因为你的一家之言而不信任你。这时，最好能找个第三方或例证，让第三方去告诉你的客户关于产品的优点和诸多便利，这比起你自己夸奖自己产品的优点要强得多。

让第三方为你说话，可以利用知名演员和业界名人来造势。因为当你说出"我是××名公司的职员""我们的产品是由某知名演员来代言的"或者"我们的产品是由国家权威机构认证的"这些话时，客户首先在心理上会对你的产品有一个多角度的认识："嗯，他们公司的东西应该还不错。”一些优秀的销售员通常都会这样向客户介绍产品，正是因为他们了解这一点。

在销售开始阶段，客户都会对销售员抱有一定的戒备心理，但当他得知自己熟悉的人或是较为知名的公众人物也使用了同样的产品时，那情况就不一样了。在客户维护阶段也同样如此，假如客户用了你的产品没有获得什么效果，或者是想不再继续用你的产品了，这个时候可以请第三方为你的产品说话。

有这样一个成功的案例。

销售员：“王大爷，您好啊！”

客户：“哦，是小邹啊。”

销售员：“大爷最近身体可好啊？我今天特地来看看您。”

客户：“唉，还是那样吧。不过我吃了你们的产品不怎么见效啊，血压也不见往下降啊。”

销售员：“您是按着规定量吃的吗？”

客户：“是啊，一点儿没错。我不打算再吃了，吃了也没用。”

销售员：“王大爷，这您就不知道了吧。这款保健品呢是为你们老年人专门研制的，但是每个人的体质和病情并不一样啊，所以肯定有见效快的有见效慢的。”

客户：“那我这不见效我总不能一直吃吧。”

销售员：“您认识您小区的李大爷吗？他就是吃我们这个产品治好的。不过人家可比您多服用了一个疗程呢。”

客户：“真的？他的高血压治好了？”

销售员：“当然是真的了。李大爷还给我们送了一面锦旗以示感谢呢。”

客户：“那要不我再服用一个疗程？”

销售员：“嗯。我也觉得您应该再服用一个疗程，毕竟不是每个人都见效那么快的。您说是吧。”

这位销售员就很聪明地利用了客户熟人的事例，向客户证明产品的功效，消除了客户对产品存在的疑心。

通过第三方证明维护客户关系固然是一个很好的办法，但是这里有一个前提条件是不可忽视的，那就是你所推销的产品或服务一定要让“证人”非常满意，只有这样他们才会乐意为你作证，成为你销售成功路上的支持者。而且，这个证人必须是真实存在的，是客户所知道或熟悉的，无中生有是行不通的。

洛杉矶有一位销售天才莫里斯，他的成功秘诀在于每次进行推销访问和再次访问老客户时，他从不一个人去，总是带上被担保人称为友好的第三方——FTP 一同前往，莫里斯会在销售过程中引用他的 FTP 的故事，达到让客户相信并且神往的地步。

潜在顾客看到第三方的成功，就不禁会有这样的想法：“如果他能做到，我也能做到。”第三方证明的魔力就在于此，当销售人员使用“第三方证明”策略时，潜在顾客通常会无意识地甚至是有意识地将他的生意同第三方进行比较。故事中的人物所取得的成功就是他的成功，买卖就这样敲定了。此时，你就不用再使用艰难而复杂的成交方法了。

但是，当你想运用“第三方证明”时，你所列举出的“另外某个人”最好是一个比较有权威的人或是知名企业，这样可以增加产品的可信度。同时，第三方证明不止一种形式，讲故事或许是最普通的一种，写推荐信是一种，列举顾客或客户名单也是一种。所以运用这一方式的时候，不要太死板，要学会变通。

当然，利用第三方，不仅仅能够向客户证明你的产品质量，还可以让第三方以“客户竞争者”的身份出现。比如，当客户还拿不定主意的时候，销售员如果提到有其他人十分想买，那么，这位客户应该会不自主地重新考虑一下，成交就变得容易了。

可以看一下下面这个案例。

销售员：“小姐，这件衣服您穿着真的很合身，很漂亮。”

客户：“可是价格太高了，能不能再降点儿啊？”

销售员：“不好意思，我们不能再降了。您看要不您拿另外一件比较便宜的吧，旁边那位小姐也很喜欢这件衣服，也想买呢，但是就这一件了。”

客户：“她也喜欢？”

销售员：“是啊，这款衣服今年卖得很快的。不过，我看还是您穿着好看。”

客户：“那好吧，我就要它了。”

这位销售人员很聪明，懂得利用第三方来加强客户的紧迫感，从而促使客户购买。在客户维护阶段，这个方法也是可以利用的。只要你利用得当，不愁客户不买你的产品。

“暗盘优惠”

被他人重视是人人都喜欢的，这是心理学总结出来的一个结论。人人都希望自己能够在同样的情况下得到特殊对待，顾客尤其如此。销售中的暗盘优惠策略，就是暗地里给客户优惠，在客户看来这种优惠他人可能无法得到，这样就会让客户有被优待的感觉。一旦客户有了这种感觉，那他就不太会到别人那里去买东西，就会成为你的忠实顾客，并且这种方式会帮你留住顾客，不会流失。

有这样一个案例。

在菜市场有一家菜店生意一直很好，有的顾客不惜多走几步路也要到他那里去买菜。

老板："您来啦！今天要点儿什么菜？"

客户："给我来点儿尖椒吧，还有大辣椒。"

老板："王大姐啊，我跟你说，今天的尖椒不太好，都有点儿软了。您不如多要点儿大辣椒，而且今天的土豆很好，都是新鲜的，不如也来点儿？"

客户："那行吧。就要大辣椒和土豆吧，每样三斤。"

老板："来，给您。今天的菜价都涨了呢，不过我还给您按昨天的价，您可别跟别人说啊。呵呵，总共18块钱。"

客户："行，那谢谢啦。明天记得给我留点儿好的尖椒啊。"

老板："没问题，明天您这个时间来就行了，我给您留着。"

从这个案例可以看出来，顾客买东西关注产品价格是理所当然的，谁都希望自己相对别人以更低廉的价格买到同样一种商品。在销售过程中，如果销售员运用暗盘优惠，在心理层面让顾客感觉这个交易对他来说是特别优待的，他会认为从中得到了实惠。这样的话，客户肯定会喜欢到你这儿来买东西，还会介绍他的朋友来。那么，你在维护了客户关系的同时，生意也会越来越好。

在饭店经营中，这个策略同样能带来很好的收益。有很多饭店老板，对于回头客都是很大方的，一旦顾客开始第二次消费时，他们会视消费金额大小，不断地给一些优惠：送水果拼盘，送份点心，送包香烟，等等。如果顾客一次消费金额超过一定数额，饭店还会送价值相对较高的葡萄酒，说是总经理特别奉送，给足你面子的同时也有看得到的实惠。这样一来，顾客在下一次需要出门吃饭的时候，首先就会想到这家饭店，这就是暗盘优惠的魅力所在。

使用暗盘优惠这个方法需要注意的是，你所推荐给客户的产品一定要质量好，不能是残次品或者缺斤短两。有的人做生意，采用的策略是先给顾客一些甜头以拉拢顾客，在客源稳定的情况下，为了经济利益，在其他方面做手脚，这样做反而会丢失客户。

下面这个案例就可以很好地说明这个问题。

老王在市中心菜市场租了一个门脸，专门卖各种新鲜蔬菜。刚开张的时候，人们因为不熟悉来他这儿买东西的人很少，后来他听说了暗盘优惠的方法，打算试一试。

用这个方法确实能吸引顾客，生意渐渐好起来了。随着生意的好转，老王心里开始犯嘀咕："我天天给他们优惠，自己也赚不了多少钱啊。薄利多销的办法看来不能长久实行。既然他们现在都这么信任我，那么，我给他们缺斤短两估计也不会被怀疑的吧。"

有了这个想法，老王给客户蔬菜的分量就少。刚开始的时候人们都感觉不到，但是时间一长，事情就暴露出来了。

客户甲："哎，老王，你给我的菜分量不够吧？"

老王："怎么会不够呢？放心，你是我这儿的老主顾了，我哪儿能骗你呢。"

客户乙："我也觉得不够分量呢。回家秤了秤，我还以为是我家的秤有问题呢。"

客户丙："是呀，我也这么觉得。那么说不是我们的问题了。"

客户甲："这样吧，老王，为了证实不是你的问题，你的秤给我们看一下。"

老王："你们怎么回事啊？我什么时候骗过你们呀，现在怎么开始怀疑我了呀。"

客户甲："不是怀疑你，只是我们需要证实一下这个问题。不然大家心里都不得安生。"

经过证实，老王暗中捣鬼的事大白天下。先是利用优惠吸引大家来买菜，目的达到之后就缺斤短两。事情败露后，老王的名誉扫地，菜店也关门了。

暗盘优惠确实是吸引和维护顾客的好方法，但是，前提是你的产品让人信得过，同时还要保证不损害客户的利益。只有真心为客户着想的人，才能够获得销售的成功。

如何完美收尾

销售要有一个好的开场，这是任何一个销售人员都懂得的道理。俗话说，一个好的开场就是成功的一半，也确实如此。但是，很多销售人员却只注意到了开场，而忽略了同样很重要的结尾。在销售活动中，结尾同样重要。

虽然一次销售的成功与否，并不代表你的销售事业的成功与否。但是，对于每一次销售还是要给予充分的重视，开场很重要，收尾同等重要，因为，你把每次的收尾工作都做好，就意味着你尊重了每一位客户，这为你的人脉和以后的成交积累下了很多财富。

销售分成功和失败两种结果，成功之后自然是喜悦的，但也不能得意忘形。要记得成交不是一个人的事情，感谢和赞美客户是必不可少的；失败了也不要气馁，礼貌一点儿总是没坏处的，说不准客户就看中了你的礼貌而促成了这次销售。

比如销售成功之后可以这样说："很高兴可以和您合作，您真是一个爽快人，希望可以再次进行合作""您真是一位有人格魅力的人，合作愉快"，或者可以说："您对家人真关心，他们一定很幸福"。做好销售的收尾，将会为你下一次的销售带来商机。

销售失败后，可以这样对客户说："虽然这次不能合作，还是很高兴认识您""请留步，希望下次可以合作"，或者可以说："很抱歉让您听我这么长时间的介绍，最后还没能给您提供服务，非常感谢"。总之，礼多人不怪，只要你将各方面的礼节都想到、做到，顾客就没有什么可挑剔的了。那下次再来拜访时，起码不会引起对方的反感。

赞美之词是人人都想听到的，也是销售中屡试不爽的秘密武器。不光是开场白中需要赞美，成交之后同样需要。因为交易之前销售人员对客户的赞美，或多或少会给客户一种功利的感觉，会认为你动机不纯。但是成交之后就不同了，因为既然已经成交了，那么双方就没有利益关系了，这个时候你再去赞美客户，客户会觉得你很真诚。

大多数行业都有这样一个现象：开发新客户要比维护老客户的费用高五倍以上，而老客户的忠诚度、稳定性却比新客户高得多。所以，一定要重视销售的收尾，因为这次交易的结束正是下次交易的开始，处理好收尾工作就能使自己跟客户的关系更进一步。

如果没能与客户成交，礼貌和赞美在这个时候就显得尤为重要了。礼貌地与客户告别，不仅体现了一个销售人员的职业素养，而且可能对下次的销售有利。因此，销售人员要注意自己辞别客户时的言行，应尽力留给客户一个好印象，为下一次赢得成功播下种子，千万不能因为没有交易成功就怠慢顾客。这不仅对你以后的销售生涯有所损害，还有可能直接导致以前客户的丧失。因为，坏名声比其他任何事物更具有杀伤力。

要想有一个完美的结尾，首先还是先要有一个完美的开场和过程。假如你开场或过程当中不顺利，一般情况下很难在收尾的时候补救回来。所以，如果开场没开好，过程中就要赶快补救；如果过程中间也没有补救过来，那就只有在收尾的时候做一次最后的努力了，没准儿还能成功。

有这样一个案例。

销售员：“孙小姐，您好！这是您感兴趣的化妆水，今天带过来给您看看。”

客户：“我想你弄错了，我不是孙小姐，我姓李。不过产品你倒是没带错。”

销售员：“那真对不起，因为有一个孙小姐也要买化妆水，所以我可能一时记混了，希望您能够理解。”

客户：“你们这款产品有什么特色吗？”

销售员：“这款化妆水是专门针对春季皮肤干燥而研制的，它是采用……”

客户：“听上去还不错。”

销售员：“我这儿有试用装，您现在可以试试。怎么样，还不错吧？”

客户：“产品挺好的，不过我家里还有没用完的，所以暂时不需要买了。”

销售员：“那您的意思是说您对我们的产品很满意，只是因为自己手头还有的用，所以才不买，是吗？”

客户：“是的。”

销售员：“那您用完之后就一定会买我们的产品，是吗？”

客户：“现在是有这种想法。”

销售员：“那好的，没关系。谢谢您抽出这么长时间来听我介绍产品，希望下次可以给您提供服务。对于叫错您名字，实在是不好意思。不过，认识您很高兴，您是一个很有人格魅力的人。”

客户：“是吗？呵呵，慢走。”

销售员：“请留步，谢谢您的接待。”

这个案例中的客户最终成了这位销售员的忠实客户。虽然开场没开好，但是这位聪明的销售员用后来的行为举止作了弥补，算是有了好的结尾。

所以说，结尾和开场同样重要，甚至有的时候比开场还重要。收好结尾，说不准能为你将来的销售生涯带去意想不到的惊喜。

客户诉怨的处理

维护客户关系时，很重要的一个环节就是处理客户的诉怨。也就是说，当客户对你的产品和服务感到不满意，或者是要对你们进行投诉的时候，你作为一个销售人员应该如何去做。

商业买卖中有一个定律：客户永远都是对的。这里不是说他们不会犯错，当然他们也会犯错，而且还会经常犯错。但是在销售中，客户的对和错本身并不重要，重要的是客户的感受，销售的宗旨是让客户感到满意和愉快。那么，对于客户诉怨的处理，“私人关怀法”或许是一个很不错的方法。

所谓“私人关怀法”，是很多销售人员在面对客户时经常使用的一个策略。要想使用这一方法，你首先要勇于承担责任，即便错不在你，即便超出了你的工作范围。遇到诸如此类的情况，不妨用下面的话术去处理。

先告知客户自己不会推卸责任，让他缓和一下情绪。

“王大爷，真是抱歉，因为我们的失误给您添麻烦了，我要为我们公司的失误向您道歉。您放心，责任是我们的我们绝对不会推卸的，您先把问题跟我说清楚，我保证给您一个满意的解决方案。”

等客户的情绪缓和下来，再真诚地向客户道歉并请求原谅。

“孙先生，我真诚地向您表示歉意，我们有什么没做到的地方还请您多多指教，我们一定尽力弥补改正，希望您能给我们一个改正的机会，以便带给您更好的服务。”

询问客户想如何处理，然后根据他的要求作出相应的对策。

“李先生，真对不起。可能是我们在验货的时候出了什么纰漏，因此给您造成了损失，我们深感抱歉。您看这样吧，您有什么要求，或者是想要我们怎么解决这件事情，您尽管说，我们一定弥补您的损失。”

或者可以说：

“您慢慢说，别着急。我想肯定是我们这里出了什么问题，您说出来我们才能够给您解决，您说是吗？所以，先坐下来喝杯水，咱们慢慢说。”

在销售中，客户的诉怨也分种类，常见的有几种。掌握了这几种典型的客户诉怨的处理方法，会对你的销售工作有很大的推动。产品质量是客户最关心的一个问题，毕竟谁也不想自己买回去的东西不能用。如果出现了质量问题，道歉并退换产品；如果造成了客户的损失则予以赔偿。如果客户对货物运输方面不满意，那就要分析具体的责任者并承担责任，如销售方包装不当则更换或赔偿等。但是，如果因为客户使用不当而引起的诉怨，其中销售人员也没有尽到提醒的责任，那么也要诚恳道歉并补偿，如更换产品。如果是服务人员服务态度不佳，除了诚恳道歉之外，还要更换当事人，千万不要否认错误，推卸责任。如果遇到不讲理的客户，在有理、有力、有节地处理同时，还要保持一颗平静的心态。

上面说到的是面对不同的客户诉怨该怎么处理，可是有的时候并不能分得特别清楚。这种情况下，就用普遍的应对方法来应对吧。

道歉是必要的。一旦客户对你的产品或服务产生抱怨时，无论客户对与错，你都要向他主动表示歉意。因为，在此时，关键是稳定住客户的情绪，然后你再尽快找出他抱怨的原因，采取相应的措施，解除客户的抱怨。要让客户知道，你及你的公司会重视他提出的问题，要让他有一种受尊重的感觉。人一旦被别人尊重，就不太会去和对方过不去了，情绪也就会平稳下来。

另外，客户产生诉怨肯定是有原因的，了解和掌握客户抱怨的缘由，然后才可以对症下药。无论怎样，你要想快速准确地解决问题，维持好与客户之间的关系，就要多方面地掌握客户及产品的一手资料，只有知己知彼，才能成功。

客户关系的维持有前期和后期之分，做好产品的售后服务和跟踪，也是维持客户关系的一种方式。销售工作并不是在与客户成交之后就可以高枕无忧了。我们还要不断地跟踪产品的售后使用情况，帮助客户解决产品使用过程中的各种问题，这样你的销售工作才能达到一定的境界，才能做到完美无缺。

让客户介绍客户

在销售中，有这样一个规律：百分之八十的利润来自于百分之二十的客户。所以说真正能维持企业利润增长的是那些忠诚客户。销售员只有把握好这些客户，充分管理好这些客户资源，业绩才能不断提高。而在实际中，很多销售员一旦与客户达成交易，就认为订单已经归入囊中，万事大吉了，便不再像以前那样，认真收集客户资料、管理客户资源了，甚至怠慢客户。如此一来，不仅目前的客户会丢掉，还会丧失掉一大批老客户。

老客户是一座金矿，他们是销售人员的一笔宝贵资源。之所以称他们为老客户，是因为他们买过销售人员的东西，对销售人员建立起了信任。他们的需求一般情况下都不是一次性的，很有可能会重复进行购买，这就要求销售人员与他们搞好关系。如果你销售的是经久耐用的、更新换代比较慢的产品，那么也不要气馁，因为处好关系可以让他们给你介绍新客户，从而提升你的业绩。

王强是一家保健品公司的销售人员，在其他同事销售业绩低迷的时候，他却可以保持销售业绩不变，甚至还有所提高。原因就是他懂得维护与老客户的关系，用老客户来发展新客户，扩大营销范围，提高业绩。

王强："李大爷，您好啊！"

客户："吆，是小王呀。好，好，你今天怎么来这边啦？"

王强："我今天来这边办点儿事儿，顺便来看看您。大妈身体可好？"

客户："好，没啥事。天天早上还锻炼呢。"

王强："嗯，经常锻炼有益于身体健康嘛。我看您精神就很好呢。"

客户："确实，最近精神不错。要我说啊，还是多亏了你给我推荐的保健品，真有效。"

王强："那太好了，老年人身体健康就是福啊。您要是有什么需要就跟我说，我特乐意为你们服务，嘿嘿。"

客户："对了，住我们隔壁的老周，向我打听我现在用的这种产品呢。要不你看你什么时候有时间过去和他聊聊，我说不清楚。"

王强："可以啊，要不我现在就跟您去吧，反正也没什么事。"

客户："那好，走吧，正好上我家喝杯水。"

这里，王强和客户的关系是很融洽的，不仅保持了与老客户的良好关系，还能通过这一方式得到新的客户。这都归功于他得体的待人接物方式，只有说对了话并且行为正确，才会让人喜欢，进而产生信任。而只有客户对你产生了信任的感觉，他才会给你介绍客户。

在请老客户介绍新客户的时候，不能急躁，要循序渐进，如果操之过急，会招致客户的反感。

有这样一个案例。

小高最近做成了一笔大生意，跟一个大公司签订了长期供货合同。他还想进一步提高自己的业绩，所以想找这个公司的老总给他介绍些客户。

小高：“总经理，您好。”

客户：“哦，是小高啊。货有什么问题吗？”

小高：“不是，您误会了，货物没有问题，我今天来是想让您帮个忙。”

客户：“货物没问题就好。那你有什么事呢？”

小高：“您认识跟您相关行业的公司老总吧？我想拓展一下业务，想请您帮忙。”

客户：“同行业的？不认识，我这样哪有机会认识什么老总啊！”

小高：“不会啊，我觉得您生意做得这么大，不会不认识几个人吧。还请您帮忙引荐一下。”

客户：“高先生，不好意思，我是真的不认识。如果你没有什么事情就请回吧，我一会儿还要开会。”

小高：“那好吧，打扰您了。”

这件事情的结果是，这位客户不仅没有给小高介绍相关人员，还找借口终止了双方的合作。原因就是小高处理问题太过于急躁，不懂得循序渐进的道理。客户既然用了你的产品并和你进行合作，那肯定是认可了你公司的产品，更甚至认可了你这个人。如果，这个时候你让他给你介绍新的客户，那不就等于他请你给自己的竞争对手增加优势吗？估计每个人都不会高兴的。

如何维护与客户的关系

在社会上，人与人之间存在着各种关系，相互之间的关系要靠维护才能保持得更久远，销售员与客户的关系更是如此，如若做得不妥，老客户就会流失，这是销售员最大的损失！那么，我们该怎么维护好关系，防止老客户的流失呢？

目前，很多企业都面临这样一种境地：他们都知道失去一个老客户带来的损失，也许是企业再开发十个新客户也弥补不回来的。但当问及他们客户为什么会流失时，很多企业的老总一脸迷茫，谈到如何防范客户流失的问题，他们更是不知所措。

其实，导致企业客户流失的最关键因素，一般都是客户的需求得不到切实的满足。企业若想维护好客户，防止客户流失，就必须要注意以下几方面的问题。

一定要有双赢的意识。所谓的双赢意识就是说，作为一个销售员，在你的思想中，这次的销售能使双方都可以从这种关系、行动或过程中获得一些有价值的东西。销售员销售产品无疑是要从中获利的，但是你也要让客户通过购买你的产品获得他想要的利益。在销售过程中，你要不断地用巧妙的语言提醒对方，他可以从你这里获得什么样的利益，或者你可以给他带去什么好处。

主动问候客户也是维系你和客户关系的纽带。大多数成功的销售员的销售法则里至高无上的一条准则就是：先做朋友，再做生意。只有与客户建立起一种和谐、融洽的朋友关系，订单才有可能会不请自来。如果你能够适时与客户保持联络，给客户留下良好的形象和信誉，这样，客户有新的需要的时候自然就会在第一时间想到你。当然，这种售后的情感强化一定要把握好度，如果一天一个电话或隔三差五上门拜访，就难免会造成客户的反感。节假日、客户生日都是你向客户表达问候的最佳时机。切忌频繁与客户联系，每个人都有自己的生活空间，只要你保持一个适度的距离，相信会与客户相处得很好的。

相处中要替客户着想，这也是特别需要注意的。刚刚我们说过，在与客户进行合作的时候，一定要追求双赢。我们是为公司做事，希望自己做出业绩，别人也是为单位做事，他也有自己的利益考虑。凡事多替对方着想，客户会因此而信任你，你们的关系才会保持得长久。

尊重客户是维系客户关系中最重要的一点。我们每个人都需要尊重，都需要获得别人的认同，客户自然也不例外。在销售中，客户难免会对我们进行评价，好坏都有。不过，不论好坏都要尊重并虚心接受。对于客户给予的合作，我们一定要心怀感激，并对客户表达出你的谢意；而对于客户的失误甚至过错，则要表示出你的宽容，而不是责备，并立即共同研究探讨，找出补救和解决的方案。客户在你这里得到了尊重，他才会从心底里感激你，进而成为你的朋友，帮助你提升你的业绩。

在维持与客户关系的过程中，还要坚持自己的原则，不能损害自己公司的利益。一个有原则讲信用的人，才会得到别人的尊重。

综上所述，这些需要注意的地方看似简单，实则不易。但是，如果你做到了，那你在维护客户关系时肯定会如鱼得水。

第八章

Chapter 8

如何向客户作出承诺：承诺话术

情急情况不说错话

销售人员在销售活动中，是用语言与对方进行交流的。所以他们说的话多少代表着向客户的承诺。一般情况下，客户会留意销售人员说了什么，如果销售员给了客户承诺，后期却没能兑现，就会影响自身及企业的诚信。所以，作为一个销售人员，任何情况下都不能说错话。

有这样一个在案例。

王艳在一家家用电器公司做销售员，入职两个多月来一直没有接到单子，要是三个月实习期满了还是一件产品也没卖出去，那就会被公司辞退。所以，当终于有客户来询问产品的时候，她激动不已。

客户："你们这儿有小型的空调吗？适合一居室用的。"

王艳："有，有，您这边请。您看这款怎么样？"

客户："有什么特性吗？"

王艳：“当然有了，这可是名牌呢，而且它具有……”

客户：“听起来还不错的样子。多少钱？”

王艳：“这一款是……怎么样，很值吧？”

客户：“我觉得太贵了。能便宜吗？”

王艳：“不能便宜了，要不我们该赔本了。”

客户：“不能便宜的话，我就不买了。”

（客户说完转身要走）

王艳：“哎，您等一下，能便宜，能便宜。”

客户：“能便宜多少呢？”

王艳：“这个我得请示一下我们经理，您在这儿等我一下。”

（王艳请示完领导，回到顾客这里）

王艳：“真是不好意思，我们经理说这是新上市的，本来就没有多少利润，所以不能给您优惠了。”

客户：“你这个人说话怎么不算数呢，你刚才告诉我可以便宜，现在又告诉我不能，你真有意思。”

这个事件不仅没让王艳留住顾客，而且还让她提前丢掉了工作。刚进公司接受培训的时候，王艳就被告之不能随便对客户许诺。但是她却在情急情况下对客户胡乱许诺，导致无法兑现承诺，所以被公司辞退了。

有的人认为，在关键时刻，留住顾客才是最重要的，所以说什么话都无所谓。这是一种错误的观点，因为销售人员的每一句话都代表着对客户的承诺，一旦承诺不能兑现，那信誉就会被毁。没有了信誉，成功就无从谈起了。遇到上述那种情况，可以用下面的话术来应对。

“关于产品价格方面我真的无能为力，因为公司有规定，并且产品质量也在这儿摆着呢。不过我还是希望您可以购买这件产品，因为价格并不是衡量一件产品的唯一标准，我们同时也要看这件产品能带给我们什么样的价值、我们的售后服务怎样？您说是吗？”

不好意思，这款空调目前不能打折。不过，我们可能有后续的优惠活动，您如果很想要的话，可以先在我们这儿登记一下，到时我们会通知您的。如果您很急用的话，这边有另外一款或许符合您的价位要求，请这边看看，我给您介绍一下。”

以上这两种处理方式都很好，既没有向顾客乱许承诺，又留住了顾客。要知道，销售人员说出的每句话代表一个承诺，承诺就代表你的诚信，而诚信是销售中的精神支撑。

诚信对于一个销售人员来说，是综合专业素质中很重要的一个方面。品德不好的人永远也办不成大事，至多是忽悠客户以促成偶尔的成交。做销售，首先应该从品德培养开始，而诚信就是重要内容之一。时刻记住自己对客户、对公司的承诺，这样的销售人员即使语言沟通能力欠缺一点，也是可信赖的。有不少企业生产了很多产品，可每次产品的上市都以失败而告终，而且新品上市后销售的难度越来越大。究其原因，主要是新品上市之初，先是承诺给客户“如果滞销一定给予解决”，但是这样的承诺却没有兑现，这就是缺乏诚信的具体体现。销售中的承诺很重要，只要一次承诺没有兑现，以后任你再给予多优厚的条件，客户也很难再相信你了。

情急情况下不说错话是销售人员必备的素质，也是综合素质的体现。要让客户对你产生信任，就一定要做到这一点。

别让承诺成为一种虚设

前面说了，承诺是信任的一种象征，客户对销售人员的信任是在承诺兑现的基础上建立起来的，而客户是否决定相信你的承诺，更是依据平时与你相处的感觉的积累。所以对于自己承诺过的事情，不管遇到任何困难，销售人员一定要兑现，不要食言，做不到的事一定不要轻易承诺。如果因为意外而不能兑现承诺，要对客户诚恳地道歉，若是因此给客户带来损失，要尽量赔偿，不要为自己找借口。因为你言而无信，客户对你失去信任，这样，不仅这位客户不会再找你，而且会令你丧失更多潜在的客户。

有的人很奇怪，为什么很多世界级品牌的汽车公司，他们的产品中时常会出现有瑕疵的汽车，但公司的汽车销售并未因此而受到打击。其实，这就是承诺的力量，因为，公司承诺会召回有问题的产品。如果这个承诺可以履行，那客户肯定会没有后顾之忧地购买产品。所以，那些公司不仅没有受到损害，反而让人更加信赖。因为，没有产品是完美无瑕的，有瑕疵的汽车被召回，反而让人觉得他们是负责任的，是在设身处地地为用户着想。当客户觉得你能承担所有责任并及时改正你的错误时，他们就会给予你更大的信任，你的业绩也会越来越好。

有这样一个案例。

小可是一家给装饰团队提供装饰材料的公司的销售人员。一天，她去拜访某个装饰团队的负责人，希望他们可以使用自己公司的产品并签订合同。因为之前已经有预约，所以今天她就直接去了。

小可：“王总，最近忙吗？”

客户：“还可以，有几单生意。”

小可：“那恭喜您了，生意做得这么好。我之前跟您说的事情，您考虑得怎么样了？”

客户：“我看了一下你们的资料，产品倒是很满意，就是价格有点儿高。如果打个折的话我们就可以成交了。”

小可：“实在不好意思，我之前也说了，我们这个产品本来利润就很少，所以不能给您提供优惠。”

客户：“那既然这样，我们就找其他公司合作了。”

小可：“您看这样行吗？虽然我们这个产品不能给您优惠，但是我有几个朋友刚买了房子需要装修，我可以作为优惠条件把他们介绍给您。您觉得怎么样？”

客户：“这样的话，倒是可以考虑。”

小可：“那不如我们先签约？”

客户：“可以，不过你可得保证给我提供客户。”

小可：“您放心吧。”

可是过了很多天，这位客户都等不到小可的电话，无奈之下打电话过去问：“你给我们找的客户在哪儿呢？”其实，小可哪里还记得这件事情，她当时只是为了促成订单随口说的。所以，结果就可想而知了——她永远地失去了这个客户。

承诺是销售人员与客户之间的一种约定，对客户承诺同时也是销售人员表现的大好机会。兑现你的承诺，你就会赢得客户的信任和支持。如果你不能兑现承诺，案例中的小可就是很好的说明。所以，销售人员不要随便承诺，但是一旦承诺了就要做到，不能让客户觉得你不值得信任。

向顾客许诺是打消顾客购买顾虑的一种方法，如许诺产品的质量、保证赔偿顾客的损失；答应在购买时间、数量、价格、交货期、服务等方面给顾客提供优惠。但要记住，不要做过多的承诺，同时要考虑自己的诺言是否符合公司的方针、政策，不能开空头支票。销售人员一旦许下诺言，就要不折不扣地实现。

对于任何一个人来说，诚信都是综合素质中很重要的一项品质，销售行业中更需要诚信。销售员一定要对自己说过的话负责，要自己掌握分寸。并不是所有的话都可以说出口，如果销售员说出了对客户的承诺，就一定要履行。但是，如果答应客户的事情实在无法做到，可承诺已经说出口了，那就一定要诚恳地向客户道歉，并想办法在别的方面补偿客户，维护自己的信誉。

告诉对方：对所卖出的产品负责

销售中的承诺不一定非得是口头的承诺，行动也是履行承诺的一种。对你所卖出的产品负责到底，是一种态度，也是一种承诺。即便当初卖产品的时候你没有承诺给客户什么，对你所卖出的产品负责，也是作为一个销售人员必须要做到的。

销售人员所推荐的产品无论质量有多好，都难免会出现问题，销售人员要秉持着对卖出去的产品负责到底的心态来销售产品，不要以为成功实现成交，销售就结束了。销售人员只有用积极的心态来面对客户的意见、投诉，才能让客户满意，才能让客户尊重你，进而成为你的忠实客户。

近年来，人民收入水平随着社会经济的不断发展而得到很大的提高，相对应地，客户对产品的附加价值也越来越重视，比如优雅的环境，和谐、完善的过程，及时、周到的服务等，在很多情况下甚至超越了对产品本身性能的关注。在现代社会中，要想保持客户忠诚度，提高客户满意度，优质的售后服务是其中的成功法宝。海尔、联想、格兰仕等之所以成为受欢迎的品牌，有一个很重要的原因就是他们的售后服务做得好。

有这样一个案例。

邹怡是某品牌化妆品公司的销售人员，在某大型商场里负责向客户推荐产品。几天前她成功地向一位女士销售了一套美白保湿产品，却不料，今天这位女士找上门来了，要求退货。邹怡不同意，双方陷入了无休止的争吵中。

客户：“你们今天就得给我退货，说什么都没用。”

邹怡：“不是我们不愿意给您退货，您都开封用过了，我们还怎么给您退货呀。”

客户：“让你们退货是轻的。用了你们的产品，我的脸都变成这样了，不让你们负责就很好了。”

邹怡：“你怎么不讲理呢？”

客户：“我怎么不讲理了？我告诉你，不解决这个问题，我去告你们。”

（这个时候经理过来了）

经理：“您先消消气，慢慢说。有什么问题您尽管说，我们肯定不会推卸责任的。”

客户：“你们的产品有问题，你看我的脸都成什么样了。”

经理：“这样啊。但是我们这个产品肯定是不能退货的，不过您不用着急，我们肯定会对此事负责的。只是这个产品在使用时不能同期服用几种食物，您想想看是否服用过这几种食物。咱们再想办法解决这个事情。”

客户：“只要你们肯负责就行。”

最后这件事情弄清楚了，确实是这位客户的问题。但是这里也告诉销售人员一个道理，不管是不是由于你的原因，只要是产品出了问题，只要这个产品是从你这里卖出去的，你就一定要负责。

但是，做好售后服务，也是有技巧的。卖出产品后就万事大吉、不再过问和卖出产品后为了做好售后服务、频繁地联系客户，两种行为都不可取。

请看下面一个案例。

小新就是这样的一个销售人员，对人过于热情。几天前，她成功地卖出一台电脑，这几天她几乎天天打电话给客户询问使用情况。

小新："王先生，您好。我是××公司的小新。"

客户："哦，有什么事情吗？"

小新："没什么事情，就是想问一下电脑用着如何。"

客户："挺好的。"

小新："嗯，如果有什么问题一定要和我们联系，我们一定会对产品负责到底的。"

客户："知道了。"

小新："我还想问一下，您对我们的服务有什么意见吗？"

客户："对产品很满意，对于你们的服务唯一不满的就是，你能不能不要天天打电话？产品很好，不用劳烦您老惦记吧。"

这位客户说完就挂掉了电话。其实就是因为这位销售人员太过于殷勤了，让客户感到了厌烦，即便你的出发点是好的。

所以，作为销售人员一定要对自己卖出的产品负责，如若不然，肯定会失去客户的信任。但同时要注意，与客户保持联系要把握尺度，让客户感受到你的真诚和负责任的态度就好。

把承诺当做原则

承诺是销售过程中必要的环节，它意味着对买卖双方信任的考验，但多数情况下是销售人员对客户的承诺。承诺如果做得很恰当，那将会为你的销售工作增光添彩。因为，当我们对客户始终全身心地付出，以全力以赴的心态尽自己最大的努力，将承诺的事情做到最好时，就会给客户留下一个好印象，客户会产生好感，产生信赖。但是，如果承诺了，事实上却没有兑现，或部分兑现，客户自然会感到不满，这不仅影响个人在客户心目中的形象，还会对公司和产品产生坏的影响。

某些销售人员为了达到目的，往往会给客户承诺较低的价格、赠品、服务等优惠，但是最终却未履行承诺。客户的心情由最初的喜悦、满意转变为不满、愤怒、不信任，再想让这类客户成为回头客基本是不可能的。同时，这类客户对该产品和企业的不良印象也会传递给周围的朋友，无形中损害了企业的声誉，使潜在客户的范围也逐步缩小，直接影响你的销售生涯。

因此，重守承诺是每一个销售人员都必须做到的事情。同时，坚持“三不”原则：对不在自己职权范围内的服务，不轻易许诺；对不能肯定的服务，不许诺；不对客户许诺自己做不到的服务，这样可以提升你的信任度。

看一下下面这个案例。

孙伟是一家皮包公司的业务员，负责与各大公司进行联系，确定货物数量和供货时间。时值春节，正是皮包的销售旺季，他正忙于和各大公司进行洽谈。

孙伟：“周老板，最近怎么样呀？生意可好？”

客户：“哦，小孙呀。挺好的，挺好的。”

孙伟：“嗯，是这样的，现在正是皮包销售旺季，我想征求一下您的意见，看您公司需要多少货。”

客户：“你们公司的货我信得过，我需要的也很多。但是有个问题，我们去年有些存货还在占用仓库，现在要是从你们那儿把货拉过来就没地方放了。你看是不是你们先给我们留着，晚点儿再拉到我们这儿来？”

孙伟：“周老板，实在不好意思，您也知道现在是旺季，我们公司接下来还得生产夏天款式的包，所以，公司规定客户如果需要得立即拉走，不然货就给别人了。”

客户：“那你们公司给我们解决仓库的问题吧，或者把占用仓库的资金扣除，我们现在就把货拉过来。”

孙伟：“这个我自己做不了主，得回去请示领导。不过我觉得批准的可能性不太大，因为公司没有这个先例。您放心，您是我的老客户了，我肯定会尽量为您争取的。您看咱是不是先把合同签了？”

客户：“既然是这样，那好吧。你一定得尽力给我们申请啊，不然真没办法解决了。”

孙伟：“好的，您尽管放心，我一定尽力。”

这里孙伟就把承诺这个原则运用得很到位，既不得罪客户，又不向客户许诺自己办不到的事情，同时获得了客户的订单。这件案例的结果是，孙伟成功为这位客户申请来了仓库费用，他与客户的关系为此更近了一步。而这位客户在后来也成为了他忠实的客户，并影响到好几家公司主动找孙伟做业务，这就是巧用承诺的结果。

在销售中，学会拒绝，勇于和大胆说“不”也非常重要。但是现实中却有很多销售员为了促成销售，当“老好人”，无论客户提什么样的条件与要求，都“有求必应”，全然不顾自己能否做得了主，只要对方肯签单，先承诺下来再说，至于公司或上司批不批那是以后的事。这就是我们通常所说的“三拍主义者”，即“拍脑袋做事，拍胸脯承诺，拍屁股走人”。但是，销售员要想在客户面前树立自己的威信，让客户成为自己永久的客户，就必须学会巧妙拒绝，勇于和大胆说“不”。容易得到的，往往都不珍惜，适当而有策略性的拒绝，有时同样能够起到意想不到的、更好的效果。因此，学会拒绝，把承诺作为一种原则来执行，将会有很大的收获。

适时给客户承诺

承诺是销售人员对客户所用的一种话术，也是客户判断销售人员是否值得信任的一种衡量标准。如果承诺话术使用的好，会给销售人员带来很好的业绩，反之，如果运用不当，就会招致客户的不信任，影响自己销售生涯的发展。所以，销售人员一定要懂得如何利用承诺话术为自己带来利益。

承诺也要讲究一定技巧的，适时承诺就是一种很好的方式。如果你对客户承诺的时间、地点都对，那么，客户即便当时不买你的产品，也会对你有好感，下次有需要的时候，他还会找你。

儿童玩具一直销售很火爆，但是要想成为一个很优秀的玩具销售员，一定要学会并且熟练运用对客户的承诺话术。客户分为新顾客和回头客，一般的玩具销售员为了争取顾客成为回头客会对顾客作出一定的承诺，比如说“我们将会为您特别留意您感兴趣的这一类玩具”。

一般情况下，一位顾客光临玩具店，或者小型商品店，购买了某种玩具或商品，完全属于一种随机的消费行为，往往很难会有第二次的购买行为。但是，玩具店员如果能够通过这位顾客浏览及购买的玩具中判断出他所感兴趣的玩具类型，并且告诉他玩具店将会为其特别留意该类玩具(这是最为亲切、平实的一种服务用语)，那么，玩具店很可能会因此而多了一名回头客。“为其留意同类产品”就是玩具店员对顾客作出的一种承诺，同时把这样一种心理暗示传达给顾客：我们很关注您，并可以长期为您提供相关服务。

下面就来看一个成功的案例。

王红是一名高中毕业生，因为高考失利没有读大学，而是成为了一名大型玩具店的销售员。经过两年的锻炼，她成为了一名很优秀的店员，关键就在于她懂得怎么去向客户介绍产品与如何运用承诺话术来赢得客户的信任。

王红："李女士，您来啦，最近过得怎么样啊？"

客户："挺好的，挺好的，就是我那儿子太淘气了。"

王红："俗话说'小子越淘越聪明'呀，您儿子长大了肯定有出息。"

客户："呵呵。有没有适合他玩的玩具啊？"

王红："上次跟您说的那种产品现在有货了，您来看看。"

客户："这个确实不错，不过上次从别的地方买了个类似的玩具，他不喜欢但又不能退货。我儿子就喜欢益智类的，你们这儿有没有？"

王红："有是有，就是剩下的这几个不太好了。您看这样吧，明天我们这儿来新货，我给您留着，您什么时候有时间过来就行。"

客户："买回去他又不喜欢可怎么办呀？"

王红："我们这儿两天之内可以退换货的，如果不喜欢的话，在没有损坏的情况下，我们保证退换货，这个您尽管放心。"

客户："那好，我明天下午有时间的话就过来拿，一定给我留着啊。"

这里，王红就做到了对顾客适时承诺而不是乱许承诺。在顾客明显有兴趣的时候，懂得对客户许下承诺，让他不会考虑再到别处去买同样的商品。这是对于老顾客而言的，那么对于第一次来购物的新客户，首要问题是，先要发现顾客的兴趣点在哪儿，然后对症下药。

王红："您好！需要帮助吗？"

客户："我随便看看。"

王红：“好，您随意。”

客户：“你们这儿有没有开发儿童智力的玩具?”

王红：“有，您看您需要哪一种？这边请。”

客户：“这几种都不太合适。我是想找那种适合先天性脑子发育不太健全的儿童的玩具，是给一个慈善机构准备的。”

王红：“实在不好意思，目前我们这里还没有这类玩具。您可以去斜对面那家去看看，他们好像有类似的产品。不过，我们会为您留意这类产品的。您可以给我们留一个联系方式，一旦我们有了这种产品，我们会跟您联系。”

客户：“谢谢。我的联系方式是……”

王红：“不客气，很高兴为您服务。”

王红确实是一个很聪明的销售员。一方面她在自己店没有这类产品的时候，为客户推荐可能有这类产品销售的其他商店，这就很容易赢得客户的信任，因为她为客户着想；另一方面，她留下了客户的联系方式，那么这一名客户，就成为了她的潜在客户。而她对客户的承诺，就成为了两者之间联系的纽带。

承诺是一定要学会的，适时承诺更是销售人员的一种有力武器。根据不同的时间、地点，根据不同的场合，对客户作出不同的承诺，学会这一点，对你事业的发展将会有很大的帮助。

运用收回承诺的策略

对客户承诺的方式有很多种，但是不管是哪一种，目的都是为说服客户购买你的产品。为了达成交易，向客户承诺是一种方法，而承诺之后收回又是另外一种方法。

得不到的东西都觉得是最好的，而容易得到的，人们却不懂得珍惜，这是人性的一个弱点。在销售工作中，有经验的销售人员就很善于利用人性的这个弱点来做文章，比如收回承诺策略。

收回承诺是指原本答应了别人的事情，后来又反悔了。在销售中就是本来答应了客户以某个价格出售产品，但是过了一会就改变了主意，然后把价格提升上去的行为。“收回承诺策略”就是运用收回承诺的方式和客户打交道的技巧。运用得当，将会为你带去不少收益。

有这样一个成功的案例。

刘晓青是一家服装公司的优秀销售员，在很多次销售中，她都成功地运用收回承诺的策略，而且屡试不败。

刘晓青：“您好，有什么需要帮助的吗？”

客户：“我想看一下适合我穿的衣服。”

刘晓青：“外套吗？”

客户：“嗯，想要休闲类的。”

刘晓青：“您看这件怎么样？纯棉的，而且不变形。”

客户：“可以试穿吗？”

刘晓青：“当然可以。试衣间在这边。这件衣服穿在您身上真好看。”

客户：“我觉得也还可以。怎么卖啊？”

刘晓青：“这件衣服是新上市的，现在卖399元。”

客户：“太贵了。便宜点儿呢？”

刘晓青：“我们没有什么利润的。不过看您穿着真合适，370元卖给您吧。”

客户：“这也太高了啊。350元怎么样？可以的话我就买了。”

刘晓青：“您给的价格太低了，能不能再加点儿？”

客户：“不加了，这个价可以的话我就买了，不行我就去别的地儿再看看。”

刘晓青：“那您先等一会儿，这个价我自己做不了主，需要去请示一下我们经理，您请稍等。”

（过了一会儿，刘晓青回来了）

刘晓青：“实在是不好意思，因为我记错了进价，这件衣服的进价是380元，所以不能卖给您了。”

客户：“那不行，我总不能在这儿白浪费这么长时间呀。按你先前说的，370元。”

刘晓青：“这件衣服进价还380元呢，要不我们就赔了。”

客户：“那是你的问题，这是你先前答应的，总不能说话不算话吧。就370元，不然就是你们不守信用。”

刘晓青：“那……好吧，只好我自己拿出10元钱垫上了。”

最后，这名顾客很高兴地买走了这件衣服，这认为自己捡了便宜。而刘晓青也很高兴，因为她也赚钱了。

其实，这件衣服本身并没有那么贵，按之前顾客给的那个价350元，都可以稳赚。但是刘晓青是一名很聪明的销售员，她运用收回承诺的策略，使自己能够赚更多。她先许诺370元卖给顾客，但是后来又拿上司做挡箭牌收回了承诺，原因是这件衣服的进价比370元还高。顾客听到了就会认为物有所值，所以，在买的时候就会遵循销售员先前给出的价格，这样销售员就达到了目的。

有经验的销售员一般都懂得运用收回承诺的策略，这种策略的使用也是分对象的。一般可以使用在对价格非常敏感又麻烦的客户身上。有些客户好砍价而且非常坚持，他所表现出来的坚决，连销售人员都甘拜下风。然而，收回承诺策略的运用，却能让客户接受涨价之后的价格，同时还感觉到自己占了便宜。

所以说，要在销售过程中不让客户感觉吃亏，反而让客户感觉占了便宜，收回承诺策略是能让你收到如此效果的很好办法。

不过，运用这一方法也有需要注意的地方，那就是在反悔先前价格的时候，一定要找一个幕后“操纵”价格的人。如果是你自己报出了价格，而后又反悔，是很没有可信度的。而如果是上一级的领导发话，那顾客一般情况下不仅不会怀疑，而且购买这件商品的欲望也会随之增加。

除此之外，运用这一话术还要注意区分对象。如果是对价格很敏感并且一直在价格上纠缠的顾客，这一方法屡试不爽。但是，如果是在意商品本身胜于价格的，那就不要使用这一方法了，因为，他们不会相信你，反而会认为你虚伪和不可信任。

“一诺千金”

销售人员在销售过程中，承诺客户的就要抓紧去做。从心理学上来说，一件事承诺后就立即去做，这样收到的效果是最好的，承诺后一拖再拖或干脆不兑现的行为是非常有害的，后者不仅使销售活动不能成功，甚者会损坏两个人的关系。

有一句成语叫“一诺千金”，销售人员在与客户打交道的过程中要守信，说到的一定要做到，而且要趁早做。只有这样才能打动客户，赢得客户的赞赏。只有赢得了客户的赞赏，才有可能取得客户的信任，进而才会收获客户的业务。

郑秋是一家软件公司的销售人员，有一次去和一位大客户商谈，两个人相谈甚欢，并且各自欣赏，无奈这位客户最近确实不需要相关产品，所以没有收获单子。之后在闲谈中，郑秋发现了可以使两人关系拉近的方法。

原来，这位客户刚刚买了房子，准备装修。但是，对目前设计师给他提供的设计方案不满意，而儿子的婚期在即，着急用这套房子，所以很发愁。恰巧，郑秋以前的一个客户是一个小有名气的设计师，他打算把这个设计师介绍给客户。

郑秋：“不知道您对设计师有什么要求吗?”

客户：“要求倒是没有，就是先前那几个设计师设计的方案都不太符合我的标准。我想要的是简约的风格，可每次他们拿给我看的都是繁复的风格。”

郑秋：“我认识一个设计师，他在圈里还是小有名气的。不知道您有没有兴趣让他来尝试一下?”

客户：“那自然好啊！你朋友?”

郑秋：“是我的一个朋友，跟您一样，以前是我的一个客户。要不我回去联系一下他，然后再跟你联系?”

客户：“这样最好了，那辛苦你了，小郑。”

郑秋：“不辛苦，应该的。”

郑秋回去之后就和那位设计师联系了，得到了肯定的答复后，就给这位客户打了电话。

郑秋：“李总，您好！我是小郑。”

客户：“哦，小郑啊，有什么事吗?”

郑秋：“是这样的，我今天下午去拜访您的时候不是给您介绍了一位设计师吗，刚刚我跟他联系了，正巧他最近有时间。”

客户：“那太好了，对方什么时候有时间，先来看一下户型呢。”

郑秋：“他说最近都可以，看您的时间就好。您看您什么时候有时间?”

客户：“好，好，那辛苦你了啊，小郑。这周末怎么样?”

郑秋：“应该没问题。这样吧，一会儿我告诉您吧。”

客户：“好的，辛苦了。”

结果，郑秋介绍的这名设计师解决了这位客户的问题，后来，这位客户在软件方面有需求的时候，首先想到的就是郑秋，并成为了郑秋的忠实顾客。

在这里还有一个需要特别注意的问题，那就是你许诺给客户的事情是否能够办到。拿郑秋这个案例来说吧，如果郑秋与那位设计师不熟悉，也就是说他不一定能够把设计师请过来，那么就不能轻易许诺。试想一下，如果你是客户，当对方许诺要帮你解决问题的时候，你心理的期望是很高的，一旦对方没有办法实现这个诺言的时候，你心理的落差肯定特别大。即便你知道对方是好心但没办成事，也还是会觉得很失望。

所以说，销售人员在与客户打交道的过程中，一定要重视自己的承诺，千万不要轻许承诺，但一旦对客户作出承诺，那就一定要做到。除此之外，立即去做，会收到你想要的最好的效果。

承诺的技巧

承诺是销售活动中很重要的一个环节，使用好了可以为销售人员的销售生涯增光添彩，带去很大的收益。但是，承诺也是一件很严肃的事情，不是说着玩的，其中也存在着一些技巧。

首先，对于产品的承诺不能说得过满。比如，一名保健品的销售人员，在向客户承诺的时候就要注意了：承诺产品的成分效果，不承诺产品的效果；承诺产品的长期效果，不承诺产品的确定效果。

这里就有销售人员提出疑问了：不承诺产品的效果那客户如何相信？客户不相信那他又如何会购买呢？这确实是一个问题，但并不是不能解决的问题。比如说可以用下面的话术来解决："这款产品中A成分具有……的功效，B成分具有……的功效”“如果您坚持食用的话，肯定会达到满意的效果，毕竟慢性病得耐得性子慢慢治”“我们常说‘病来如山倒，病去如抽丝’，李大爷，这就是告诉我们要慢慢来”“您想一下，我们半辈子积累出的病，要想好起来，怎么也得给身体这部机器一个调理修整的时间吧”。

这其中就有说话技巧的问题。如果顾客询问产品的效果，不要很肯定地说“这款产品具有……的效果，您用了肯定会好起来的”“那当然没问题了，您尽管放心”之类的话，因为，如果客户用了之后没有效果，就会认为你在欺骗他，这个客户就会流失。不妨看一下下面这个案例，看看这个销售人员是如何处理的。

销售人员：“阿姨，您好！可以帮我一个忙吗？”

客户：“好，你说。”

销售人员：“我是××公司的员工，现在正在作一项调查，我能请教您几个问题吗？”

客户：“可以，你问吧。”

销售人员：“您认为现在中国的中老年人注重自身的健康吗？”

客户：“近些年可以说是越来越重视了吧。”

销售人员：“那您认为大家是注重前期预防还是后期治疗呢？”

客户：“后期治疗吧。如果身体没病，很少有人会注重身体健康的问题。”

销售人员：“那么您认为哪个比较重要呢？”

客户：“自然是前者比较重要。”

接下来的事情，介绍产品自然是顺理成章了。谈到产品效果的问题，这位销售人员是这样回答的：“这款产品中含有……成分，而这些成分具有降血脂、降血压的效果；而……对于预防和降‘三高’具有非常好的疗效；很多人的病情都是长年累月积累下来的，想要完全好起来肯定是要慢慢来的，这是急不得的，您说是吗？”

最后，这名销售人员成功地把产品卖给了客户。

其次，在向客户介绍产品或者回答客户疑问的时候，许承诺不如说案例效果好。人们往往对于空头支票类的承诺不感兴趣，而对于身边的事实却比较容易相信。所以，不妨少作承诺，多讲事实。

看一下这个案例。

销售人员：“李伯伯，最近怎么样啊？身体还好吗？”

客户：“唉，还是老样子啊。用了你推荐的产品怎么也不见好呢？”

销售人员：“是这样的，李伯伯，因为每个人的病情不同，身体素质也不同，所以药效肯定是不一样的啊。跟您住同一个小区的王阿姨和孙伯伯，他们在用了两个疗程之后，都感觉到自己比以前壮实多了。”

客户：“是吗？他们真有这感觉？”

销售人员：“是呀，您跟他们住在同一个小区，可以相互交流一下。”

客户：“那好吧，我再用一个疗程看看。”

这里，销售人员既没有肯定地承诺给客户用了这个产品一定有用，又利用别的案例提示给客户这样一个信息：别人用了管用，你用了也会管用的。但是当这个产品在这位客户身上不发生作用的时候，责任也不在销售员身上，这就是高明之处。

承诺是销售人员取得客户信任的一种很重要的方式，也是取得销售业绩的有效手段。但是，如果使用不当，就会带来负面的效果。

对客户进行承诺，要依据事实，量力而行，自己办不到的事情不能承诺；不管在什么情况下，都一定要记住不能说错话，因为销售人员的每一句话都是对客户的承诺；承诺给客户的就一定要兑现，并且有能力的话最好马上去做；另外，承诺要看准时机，看准场合，还要注意对象。如果相信自己可以运用得当，不妨也使用一下收回承诺的策略，但是一定要有一个幕后“操纵”价格的领导。

第九章

Chapter 9

电话营销如何说：间接话术

与挡架者搞好关系

电话销售是近年来流行的一种销售方式，很多公司都有专门的电话销售人员。但是，电话销售也存在很多问题，其中一个问题就是销售人员一般情况下联系不到直接负责人，而只能把电话打到前台或者秘书处，他们就是所谓的挡驾者——拒绝电话不速之客的人。所以，如何应付挡驾者就成为很重要的问题了。

有一些电话销售人员认为这些挡驾者不重要，因此很不注重与他们的沟通。但是在电话销售中，最不可忽视的就是这些挡驾者的作用。与挡驾者关系的融洽与否，直接影响着这次销售的成败。如果你懂得尊重他们，并和他们关系融洽，他们就可能帮你解除困难。因为，他们不仅知道老板的行程，也掌握竞争对手的情况。因此，必须与他们搞好关系，这将会是你成功路上的助推器。

与这些挡驾者搞好关系，也是讲究技巧的。面对陌生人，估计谁都不会很快地放下心防，更不要说是没有见面的陌生人。所以，要想与他们搞好关系，还是要懂一些方式、方法的。

抬高他们的身份，或者说赞美他们，是与他们搞好关系的一种方法。前面说过，赞美是销售人员屡试不爽的秘密武器，那么在和他们沟通时，不妨就试一下这种方法。可以把他们当成总经理或熟悉的朋友那样对待，并且在电话中也始终保持微笑、友好的态度，并恳求他们的帮助。也就是说，在与他们的互动中，以留下良好的印象为基本目的，这样在熟悉之后，就可以抓住适当的时机恳求他让你与老板或经理通话，以达到你的目的。

有这样一个案例。

电话销售人员：“天勤公司吗？”

前台：“是的，您好！请问有什么可以帮助您的吗？”

电话销售人员：“请帮忙接一下你们李总，我找他有点儿事。”

前台：“不好意思，李总他不在公司。请问您有什么事情吗？”

电话销售人员：“哦，是有点儿事，我稍后再找他吧。小姐，您的声音真好听。”

前台：“是吗？谢谢。”

电话销售人员：“是呀，听您说话都能使人心情好起来。

前台：“呵呵，过奖了。”

电话销售人员：“听声音您和我的一个朋友可像了。”

前台：“哦？是吗？你是哪儿的？”

电话销售人员：“我是本地的，有什么事的话可以来找我。”

前台：“谢谢你！你找我们李总有什么事吗？”

电话销售人员：“唉，是我们上司交代的，让我和李总谈点儿事情。办不成的话又要挨批了。”

前台：“这样吧，我们李总大概下午回来，到时候你再打电话过来吧，我帮你转过去。或者你直接打他座机吧……”

电话销售人员："好的，您人真好，非常感谢您！"

这里，销售人员使用的就是套近乎策略，也就是与挡驾者搞好关系。另外，还有一种方式是为了防止被拦截，就先不要自报家门，这样他们就不明底细。为了了解更多的信息，电话销售人员不妨跟他们多聊几句，渐渐熟悉起来，或许他们就会在不经意间告诉你一些有用的信息。

攀亲戚、攀关系也是搞好双方关系的一种方式，这种方式可以在双方之间找到情感共鸣点。如："小姐，听口音您是广东人吧？我们还是老乡呢！""您也是××大学毕业的？咱们还是校友呢！""您认识××吗？他和您是老乡呢，也在这里工作呢！"等等，这样就可以无形之中拉近双方的距离。不过，使用这种方式要力求自然，不要做作。最好的状态是让对方感觉到你是不经意间发现与他的共鸣点的，这样就不会导致对方怀疑你的真诚，也为你进一步沟通打好基础。

电话销售人员想要与挡驾者搞好关系，语言表达就一定要力求自然，并且懂得适可而止。寒暄是双方初次接触时礼节性的话语，与挡驾者交流的时候态度要自然随和，如同朋友一般，而不能勉强为之，没话找话会给对方留下负面的印象。此外，无论如何，寒暄只是一种应酬性话语，其目的只是为了拉近与对方的距离，逐步消除对方的戒心，帮你完成销售活动，并不传达什么实质的信息。所以，与挡驾者的寒暄，一定要适可而止，过于热情会引起对方的反感，就得不偿失了。

告诉对方足够的信息

虽然电话销售是很普遍的销售方式，但是很多人都不得其法，不但业绩上不去，还搞得自己很郁闷。对于类似于前台的挡驾者，要通过寒暄搞好关系；而对于有一些客户，则要尽量节省时间，寒暄反而会坏事。

客户当中有一些人社会地位较高，经常很忙，如果要和他们谈业务的话，通常需要打电话预约。打电话约访，也是要讲究一定技巧的。如果一个电话销售人员在约见这类客户的时候，天南地北地侃侃而谈，却没有表达出客户想要知道或者感兴趣的信息，那么这通电话就是无效的。所以，在约见客户的时候，一定要告诉顾客你的拜访会给他带去某种利益或“好处”，你所说的每一句话都要有足够的对顾客有用的信息，应该让他觉得见你一面是非常有必要的。

有这样一个案例。

电话销售人员：“您好，B机械公司吧，请接王总经理。”

秘书：“请问您是？”

电话销售人员：“我是孙兴洲。请接王总经理，我有急事找他。”

电话接过去了。

电话销售人员：“王总经理，您好！我是孙兴洲。”

客户：“请问有什么事情吗？”

电话销售人员：“是这样的，我听说您最近打算给公司员工交保险，正在做咨询。而我对这一方面有些研究，比较了解，希望可以跟您探讨一下。”

在这里，电话销售人员就给对方提供了有价值的信息：对方想给员工上保险，销售人员可以提供保险相关的知识，话题肯定就能够进行下去了。

客户：“我最近是打算给员工上保险。不过，你是从哪儿知道的呢？”

电话销售人员：“像您这么大的人物，您想办的事情当然大家都有耳闻了。不知道您最近了解的都是哪些保险业务呢？"

一句话带过不好回答的问题，转移对方的焦点，将话题转移到这次通话的目的上来。

客户："最近也就咨询了两三种，区别不大，就是有点儿疑问……"

电话销售人员："嗯，这个问题是很多人都困惑的。不过，在保险业内有一个规定……不知道您有没有听说过？这对您是很有帮助的。"

给对方提供急需了解的信息，这对于对方是很有吸引力的。

客户："是吗？这我倒不了解。你给我解释解释吧。"

电话销售人员："大体上是这样的……电话里也说不太清楚，不知道您有没有时间我当面解释给您听？"

客户："虽然我对保险业了解一些，但是听听你的意见也不错。"

在客户明显感兴趣的情况下，趁机约定见面时间。

电话销售人员："到时候我一定准时赴约。不过我最近的事很多，不能立即去拜访您。我想请问一下，您是这周六时间方便还是下周一呢？"

客户："这周六吧，下周一得出差。"

电话销售人员："那咱们大概几点呢？"

客户："下午三点到四点之间吧。"

电话销售人员："好的，我一定准时到。周六下午三点到四点之间。您先忙吧。"

这则案例中的电话销售人员，就很好地给对方提供了他需要的信息，下面的事情才能很顺利的进行。如果客户没有听到自己需要的信息，加上又很忙，肯定不会和电话销售人员白费口舌的。

需要注意的问题是，在给客户打约见电话的时候，给客户提供相关信息是必须的，把话题引到自己所推销的产品上也是非常有必要的。但是，对自己推销的产品不要过多地提及，否则，结果是可想而知的了。

还是上一个案例，不同的说话方式就会导致不同的结果。

电话销售人员：“王总经理，您好！我是孙兴洲。”

客户：“请问有什么事情吗？”

电话销售人员：“是这样的，我听说您最近打算给公司员工交保险，正在做咨询呢。而我对这一方面有研究，比较了解，希望可以跟您探讨一下。并且我也在做相关业务，您觉得好的话可以在我这里办理。”

沟通顺利进行到下面，就出现问题了。

客户：“是吗？这我倒不是很了解。你给我解释解释吧。”

电话销售人员：“大体上是这样的……我们这里的业务就是这种类型的。您有没有兴趣在我们这里办理？”

客户：“哦，这样啊。我考虑考虑吧。”

电话销售人员：“那您看什么时间方便，咱们当面谈一下。”

客户：“我最近都比较忙，以后再说吧。先这样，我开会了。”

这个案例就是失败的，因为客户以为他不是真心实意地想帮助客户，而只是为了推销自己的产品。

另外一点，给客户打电话预约的时候，说话一定要言简意赅，不能婆婆妈妈浪费客户的时间。每一通电话都做到简洁、清晰、有信息，一般都不会失败的。

告诉对方通话的理由

包括电话销售人员在内的许多销售人员都把销售理解成卖产品，

他们认为向客户证明我们的产品多么好，是把产品卖出去的关键。其实，这样理解是错误的。一位美国的销售专家对“销售”做了一个定义：销售是管理顾客购买的行为。销售俗称“做买卖”，要把产品卖出去，关键不在于你如何去叫卖，而是你如何利用话术刺激客户主动来买。每一位客户在掏钱之前，都想弄明白一个问题：我为什么要买？这时，销售人员就必须给客户一个购买的理由。销售就是找理由，只要你找到的理由充分，富有诱惑力，产品就能卖个高价。如果客户找不到一个心动的理由，那么再好的产品，再著名的品牌，客户也不会买的。

对于电话销售人员来说，要考虑的是要给客户一个通话的理由。没有理由，客户就不会购买产品，同样，没有理由客户也是不会与你通话的。所以说，对于电话销售人员来说，不论是给前台、秘书打电话，还是直接给客户打电话，都要给对方一个不挂掉你电话的理由，也就是给对方一个通话的理由。

前台、秘书这一关是很多电话销售人员都要过的一关，要想让他们转接电话，就要找到一个恰当的理由，化解她们的顾虑与担心。比如说，找一个借口，让他们相信你和他们上司是认识的，或者有过某些约定或承诺，或者有某种业务上的往来。那么，理所当然的，前台、秘书就会“放行”了。以下几种话术可以参考一下。

“昨天我跟王经理通过话，他让我今天这个时间给他打电话的，说有重要事情交代。可是刚刚打他手机占线，请你把他办公室电话给我吧。”

“请帮忙接王经理电话。他让我给他发产品资料，但是关于这份资料，我有几个问题想跟王经理特别说明一下。请你帮忙转一下吧。”

“王经理昨天打电话到我们公司说需要几款产品的资料，当时有别的事情，他也没具体说是哪几款，所以现在需要跟他沟通一下。请帮我把电话转接过去。”

“我是王经理的朋友，他刚刚急急忙忙给我打了好几个电话，我没接到，这会他又关机，你帮我转一下座机吧。可能有急事。”

这几种话术都给对方一个理由：我有事，要见你们老板。前台和秘书的职责是帮老板打发掉不必要的电话或会面，在没有理由的情况下，你肯定不会见到你要见的那个负责人。而一旦你给这些人一个理由，他们一般是很乐意帮你的。

对于电话销售人员来说，如果可以直接和客户联系，绕过前台的一关，那将会是一件很好的事情。但是，这个时候也要注意，同样要给客户一个通话的理由。

上一节所说的通话要有足够的信息是一种，直接挑明能给对方带去什么利益，也是一种通话理由。不过无论是哪一种，都是要让对方对你的通话感兴趣，接下来的交易才能进行。

下面就是一个相关案例。

电话销售人员：“吴总，您好！”

客户：“你好！请问是哪位？”

电话销售人员：“我是宋青的朋友，我叫沈冰。”

客户：“哦，有什么事情吗？”

电话销售人员：“没什么具体事情，是宋青介绍我找您的。他说您是非常有人格魅力的一个人，对您非常欣赏。在给您打电话之前，他叮嘱我说一定要帮他向您问个好。”

客户：“谢谢！”

电话销售人员：“其实，我和宋青除了是朋友关系之外，他还是我的客户。上个季度他使用了我们的产品，感觉非常好，公司的业务提高了25%。他第一个就想到了您，跟我说您可能也会需要这种产品，所以介绍我来认识您，还叮嘱我一定要给您打电话。”

客户：“哦，是这样啊。介绍一下你们的产品吧，我听听看。”

电话销售人员：“我们的产品……电话里也说不太清楚。您看不如这样，咱们约个时间，我带样品给您看怎么样?”

客户：“那样倒也可以。”

电话销售人员：“那您看您是周三下午方便还是周四上午?”

客户：“周三下午吧。”

电话销售人员：“好的，那这周三下午我去您公司，咱们面谈。”

客户：“好的。”

电话销售人员：“那好，您先忙。”

给客户一个通话的理由，就是让他对你以及你的产品感兴趣，使通话能够顺利进行下去。这个案例中就是利用了关系话术，利用客户认识的人拉近双方的距离，然后再抓住合适机会介绍产品。

不管是前台还是客户本人，在通话开始的时候就要告诉对方通话的理由，即他为什么花时间听你的电话。有了通话的理由，一般来说电话就不会被人挂掉了。

电话预约客户

电话营销的目的就是销售自己的产品或服务，但是，只是通过电话的方式不一定能够达到目的。这就需要当面说明，所以就需要通过电话预约客户。

电话预约是很简单、方便的一种方式，但是，客户对电话销售人员不了解，甚至不认识，很容易怀疑、拒绝对方。所以对于电话销售人员来说，通过电话预约客户的时候，一定要掌握一定的技巧。

电话预约时间不宜过长。每个人都有自己的事情要做，不希望陌生人打扰自己，客户也是如此。所以，电话预约的时候要注意，如果时间过长，会招致客户的反感。在开始的时候，不妨说“耽误您两分钟好吗?”一般人听到此，都会让对方继续说下去。毕竟两分钟时间很短，听一下也无妨。但是是不是只说两分钟，那就要看你的能力了。

通过电话预约的同时，向对方介绍自己的产品和服务是必须的。但是在电话中很多事情都说不清楚，也不太容易记住，这就需要在介绍产品的时候掌握一定的技巧和方法。在电话预约的过程中，不要有太多关于产品的介绍，如果客户很想知道的话，可以这样回答：“我们的产品您完全可以放心，但是电话中说不清楚。您看是不是约个时间我当面向您解释?”这不仅避免了因过度冗长的介绍引起客户的反感，还达到了此次通话的目的，可谓一箭双雕。

如果与客户约定好了，约见时间还应该再三确认。由于电话沟通是通过声音来传达信息的，容易产生误解。因此，对于约见的时间应当再三确认。例如“下午1点”容易误认为“下午7点”，又如“4日”和“10日”、“1日”和“7日”、“11日”和“17日”，等等。表述时间的时候一定要清楚明白，并要再次确认。这些虽然是小问题，但在这些小问题上出了差错，就可能造成实际工作的大问题，所以一定要注意。

电话预约过程中注意暂停和保留，这也是一种技巧。那如何使用暂停技巧呢？当业务人员需要对方给一个时间、地点的时候，就可以使用暂停的技巧。比如，当你问对方：“您上午方便还是下午方便?”说完就稍微暂停一下，让对方回答，既可以让对方有受到尊重的感觉，又可以给对方充足的考虑时间，以回答你的问题。

保留技巧就是话不说全，电话销售人员不方便在电话中说明或者碰到难以回答的问题时，就可以采用这种方式，举例来说，当对方要求电话销售人员说明费率时，电话销售人员就可以告诉对方："我想，这个问题等我们下次见面时当面给您计算，您会了解得比较清楚。"这样就可以把问题留到下一次交谈时回答，可以有充足的准备时间。

这里有一个案例。

电话销售人员："您好！孙总经理吗？"

客户："是我。你是？"

电话销售人员："我是××公司的，我想您会对我们的产品感兴趣的。"

客户："不好意思，我正在忙。"

电话销售人员："我不会耽误您太长时间的，2分钟就好，我相信会给您带去价值的。"

客户："好，就2分钟。"

电话销售人员："我们的产品……您觉得怎么样？"

客户："好像还不错。具体的价格呢？"

电话销售人员："任何价格都是和价值对等的，您说是吗？不过这个问题我想还是当面谈比较合适，您也会更加清楚，您说呢？"

客户："也好。"

电话销售人员："那您什么时间方便，咱们见一面，周四下午还是周五上午？"（停顿一下）

客户："周五上午吧，10点钟我有时间。"

电话销售人员："好的，我一定准时到，周五上午10点。那您先忙，到时候见。"

这则案例中，销售员把握通话的时间把握得恰到好处，没有引起客户的反感，最后还达到了目的。

独一无二的电话脚本

要想在电话销售中取得好的业绩，就要有一个独特的电话脚本。一般，商场上有分量的人都会接到很多销售电话或者接触到很多销售人员，如果电话销售人员的电话脚本很普通，很没有新意的话，就很难引起对方的兴趣。

电话销售有很多学问，你必须用你的语言引起客户的兴趣，或者至少不被简单地拒绝。为自己巧妙设计一套独一无二的电话脚本，是销售专家给电话销售人员的建议。毕竟有备而来，这场“战役”自然不会那么容易输掉。

对于电话脚本的设计，每个人都有自己的想法。但是，这里有一点需要注意：电话脚本并不是越花哨越好，能引起客户注意和兴趣的才算是一个好的电话脚本。

电话销售中要想不被客户拒绝，让客户继续听下去，新颖独特的开场白很重要，这也是独一无二的电话脚本中很重要的一方面。一般要在30秒内说清理由：以问问题的方式吸引客户的注意力，这个问题应是具有影响力并且是客户关注的；也可以为了让客户产生强烈的购买需求而塑造产品的价值。电话销售人员可以先设计好电话脚本，然后在电话中用最简洁明了、最富吸引力的语言表述清楚，达到与客户顺畅沟通的目的。

故意出错法是一种独特的电话脚本。这里所说的故意出错，就是指你明知道客户的情况不是那样的，但还是故意将别人或莫须有的信息安到客户的头上，为的是接近客户从而获得真实的信息，帮助成交。

看一下下面这个案例。

电话销售人员："李小姐，您好，我是××美容中心的顾问周心怡，不知道您是否还记得我，您最近还好吗？"

客户："还可以，谢谢！你是？"

电话销售人员："是这样的，我之所以给您打电话，是因为您上个月在我们这里定制了一套美容方案，这次我打电话就是想了解一下您对我们的服务有没有什么意见和建议？"

客户："我想你可能弄错了，我没有在你们那里做过美容。"

电话销售人员："不会吧，有可能是我们的客户回访档案弄错了。实在不好意思，那我冒昧问一下，您现在的美容方案都有哪些？"

客户："我平时不做什么美容，只是自己在家简单贴个面膜……"

一般情况下，每个人都有一种身份定位的心理，就是说他对自己的名字、身份等有很强的自我保护意识，一旦别人曲解或张冠李戴了，他就会予以纠正或制止。而一旦他开始纠正，销售人员就可以获得他的真实信息了。所以，有的时候，电话销售人员就可以采用故意出错的方式来打探客户的意图和信息，只要他开始纠正你的错误，你就获得了知道对方信息的机会，同时也是促进成交的机会。

现在的销售工作，不论是直接销售还是电话销售，都不是很单一的活动。大家都会想出很多辅助性的方法来提高自己成功的几率，资料夹报就是一种，就是把自己的产品资料放到大型报纸中间，顺带着被放到了各家各户的报箱里。或者是到各个小区作宣传，发放资料。电话销售人员也可以利用这一点来设计一个独特的电话脚本。

电话销售人员："王先生，您好！我是××公司的，我叫李明。"

客户："你好！有什么事情吗？"

电话销售人员："是这样的。上周我们公司在你们小区做了一个公益活动，结束后给大家发放了一些健康资料。我们现在在作回访调查，想问一下您收到了没有？”

客户：“健康资料？没收到。你们是做什么的？”

电话销售人员：“我们是一家健康咨询公司。那您看这样吧，您什么时候有时间，我亲自给您送过去一份资料。”

客户：“那好吧。那就明天下午吧，正好我有时间。”

电话销售人员：“好的，明天下午我准时到。”

这个聪明的电话销售人员为自己设计了一个很好的电话脚本，可以与客户自然顺畅地交流，为自己业绩的提升创造了条件。

提示性的手稿是电话脚本的辅助品，也是电话销售人员所必需的。要想将销售工作做好，首先必须要成为一个有心人。在打电话之前应事先准备一份提示性的手稿，这对于销售人员开展电话销售工作具有非常重要的作用：运用手稿进行及时提示，可以使销售人员更加有条理、更加清晰地开展自己的电话销售工作，提高工作效率和成功率。准备充分的同时，收获业绩。

电话销售的过关话术

不管是直接销售还是电话销售，遭遇对方的拒绝都是很正常的事情，成功的关键就是要在面对客户拒绝的时候，如何应对，争取客户。

客户、前台小姐或者是秘书之所以拒绝你，是因为他们认为没必要和你进行交流。要想过关，就要告诉他们：你不是闲杂人，你有重要的事情要办，或者可以直接告诉他，你可以给他们带去什么样的利益。一般这种情况下，这通电话就可以过关了。

电话销售人员：“您好！请问是××公司吗？”

前台人员："是的。请问您是？"

电话销售人员："我这里是××公司。因为之前与总经理联系过，要寄一份非常重要的资料给他，请问贵公司的地址是……"

前台人员："我们的地址是……"

电话销售人员："谢谢！我姓李，请问您怎么称呼？"（停顿，等回答）

前台人员："我姓王。"

电话销售人员："王小姐，因为我要用邮政专递的方式寄送资料，所以，请问你们的邮政编码是多少？总经理怎么称呼？（如要不到全名，要到姓也可以）号码是137……？非常感谢您给予的帮助，请问总经理现在在吗？"

前台人员："在。"

电话销售人员："请帮我接总经理。"

前台人员："总经理正在开会。"

电话销售人员："那请问一下，总经理的会议大约几点钟结束？"

前台人员："这个我不太清楚。"

电话销售人员："王小姐，你人真好。那我半个小时后会再打过来吧，非常感谢！"

这位电话销售人员就很好地应对了前台小姐的问询，让前台小姐顺着自己的思路，提供了自己需要的信息，达到了自己的目的。那么如何面对客户的直言拒绝呢？

看一下下面这个案例。

电话销售人员："您好，王总。我是××公司的张冲，我了解到贵公司是专门经销装饰材料的，我们公司现在推出了一种新的产品，我想贵公司可能会感兴趣。"

客户："你其实就是想向我推销吧？"

电话销售人员："王总，有一句话说'买卖不成仁义在'，您买不买没有关系，我只是简单介绍一下，相信您会感兴趣的。"

客户："我很忙，没时间，以后再说吧。"

电话销售人员："那王总您先忙着，明天我再打电话给您。"

客户："我每天都在忙，你还是别打了。"

电话销售人员："王总，关于您忙这一点我很理解。我知道您负责这么一家大公司，每天都要花很多时间来处理事情，所以时间很宝贵。您看这样好不好，从现在开始我只向您请教三个问题，三个问题问完我马上挂断电话。我是因为确信我们的产品确实能够为您带来很大的利润，才给您打电话，还请您原谅我的打扰。"

客户："好，就三个问题。现在开始问吧。"

电话销售人员："好。第一个问题，……"

这位电话销售人员面对客户的拒绝，没有退缩，而是想办法解决，让客户给他机会。这就需要电话销售人员有一定的应变能力，并且用合适的话语表达出来。

电话销售中，客户拒绝的缘由也无非就是固定的几种，只要掌握了这几种的应对方式，应该就没什么问题了。比如说客户拿"不是我负责"这样的借口来拒绝你，就可以这样应对："张总，我知道您在开玩笑。像这种关系到公司整体运营的大事，除了您我实在想不出还有谁能负责。""这样啊，那真不好意思，不过我想请您指点一下，这件事情应该找谁比较好？""李总经理，我相信您和我一样都是爽快人，不知道您是不是对我们的产品不感兴趣，还是您有其他方面的考虑不方便说？""孙先生，在小女孩面前您也说谎话呀？这么重要的事情，当然是找您了，对不对？我想别人也负责不了这么重大的事情吧。"除此之外，客户或许会用"没时间""有合作伙伴了""不需要"之类的借口拒绝你，这个时候只要你提前做好了应对的准备，任何困难都可以被化解掉。

绕开电话障碍的话术

不管是哪一类公司的销售人员，要想使自己作的每一次销售都有收获，就需要直接找到关键人物或者决策人，电话销售尤其如此。但是，往往在找到这些关键人物或决策者之前，你会遇到层层障碍，前台、秘书、助理等。要找真正的决策者，就必须绕过他们这些电话障碍。

如何绕过这些电话障碍？首先，至少要让对方感受到你对他们很重要，如果做到了这一点，秘书或者前台小姐就不会挂断你的电话了。然而遗憾的是，一部分电话销售人员还没有理会其中的奥妙，一上来就推销，结果肯定是遭到严辞拒绝。那么，电话销售人员应该如何突破这些障碍，找到真正的决策者呢？

看一下下面这个案例。

电话销售人员："你好，××公司吗？"

前台："是的。"

电话销售人员："请帮我接高总。"

前台："你是哪位？找高总有什么事？"

电话销售人员："我是他的朋友，我们约好这个时间给他打电话的，请帮忙转一下。"

前台："好的，请稍等。"

告诉前台这是事先约好的电话，一般就能通过这道障碍了。前台小姐或秘书的职责就是帮老板挡掉无关紧要的来电，而如果他们认为事情重要，那自然就另当别论了。

电话销售人员："你好！请帮我接高总。"

前台："你是哪位？有什么事情？"

电话销售人员："我没什么事情，刚刚你们高总给我打电话了。"

前台："你是哪个公司？"

电话销售人员："我非得是哪个公司吗？"

前台："那你是搞推销的吧？"

电话销售人员："搞推销的？会不会是你们高总想要推销东西给我呢？好了，是你们高总给我打的电话，要是事情耽搁了你可负不起这责任啊。"

前台："好吧，您稍等。"

出其不意的电话，总是让人招架不住的。前台小姐和秘书每天接的电话无数，千篇一律的电话很容易就被挡回去了。所以这个时候，一个出乎他们意料的电话，他们还是会乐意跟你聊一会儿的，一旦话题聊起来，那么电话转接给负责人就不成问题了。

电话销售人员："你好，我找一下高觉冲。"

秘书："请问你是？"

电话销售人员："我是他朋友，刚刚打他手机占线，你帮我接一下座机吧。"

秘书："好的。请稍等。"

如果知道你要找的负责人名字，直呼其名是一个不错的方法。朋友或者熟人之间才会互叫名字，你能够叫出经理的名字，就证明你是经理的朋友，这样他们就不会阻拦你了。

有一位电话营销专家说："许多销售员给对方即使打了上百次电话，还是找不到要找的人，他们都不知道其实是碰上了电话障碍。"所以在电话销售中，就首先要学会辨别障碍的真假。如果障碍不存在，那就另找时间再打过去，而如果是真的障碍，再想办法应对。对方如果撒谎，通常会出现如下的情况。

只是让你等着，然后等了5分钟以上，还不让你与要找的人通话。实际上，她的目的就是让你自动挂线，这是一种隐性的拒绝。

每次打电话过去，秘书总是告诉你负责人在忙，建议你晚点再来电。

秘书或前台小姐对你询问得很详细，其实只是为了更多了解你的意图，然后找到拒绝你的理由。

当你每次打电话过去报上自己的名字或公司名时，秘书总会立即告诉你，你要找的人在开会，而且不知道什么时候结束。

任何事情的发生都是有缘由的，拜访电话常常被无情地挂断肯定有原因。对于客户而言，每天的陌生拜访电话接二连三，传真资料铺天盖地，这种现象的直接后果就是使客户感到麻木，不知所措，甚至厌烦。如此一来，不管有用的还是无用的，一接到类似的拜访电话，接待人员就统统拒绝，这就是电话销售中的障碍。但是，有些拒绝是一种习惯性的条件反射，并不能说明他们没有需求。电话销售员在遭受接待人员阻拦时，不要轻易放弃，而应利用各种应对方法，以期获得与负责人对话与见面的机会。

电话销售的潜伏话术

作电话销售，并不是针对每一个客户都要作产品介绍。某些客户对于这一种做法非常反感，因为接到的这类电话太多，已经使人厌烦。这个时候，学会潜伏，对你的销售事业会有很大的帮助。

所谓潜伏，就是当你接触的是潜在的大客户时，先不要急于向他们销售你的产品，正确的做法应该是尽力接近他们。潜伏在客户身边不断地进行情感跟进，不让他们从一开始就怀有戒心。与他们交朋友，取得他们的信任，销售的最高境界就是在相互信任的基础上建立起来的。

潜伏的目的是为了更好地销售产品，一个优秀的电话销售人员，理应懂得什么时间该“温和地推销”，什么时间该“默默地走开”。对于这些极有潜力的未来客户，电话销售人员应该沉住气，“潜入海底”。所谓“潜入海底”，是指能够耐得住性子，尽力接近他们而不是让他们从一开始就对你怀有戒心。在取得他们的信任之后，这些潜在客户就会变成你真正的客户，因为相互信任是销售成功的坚实基础。

所以，在潜伏中跟进吧，这是作电话销售的黄金法则，也是有经验的电话销售人员都懂得的道理。做好了这一点，业绩肯定有保障，下面这个案例就是很好的说明。

王军是一家科技公司的电话销售人员，公司最近研制出一款新产品，需要向新老顾客推介。他想起了自己的老顾客周教授(周教授是某社科院的专家)，同时他听说周教授最近摔了一跤，然后他是这样打这个电话的。

王军：“您好！周教授。我是××科技公司的王军。”

客户：“哦，小王啊，有什么事情吗?”

王军：“没什么事情。我听说您不小心摔着了，问候您一下，现在感觉怎么样了呀?”

客户：“小王谢谢你！现在感觉好多了。”

王军：“那就好，我就放心了。您以后可得多注意着点儿，我这周末去家里探望您吧。”

客户：“不用那么麻烦，我没什么事情。”

王军：“不麻烦，您说这话多见外啊。我一直把您当成我的老师，学生探望老师，理所应当的嘛。”

客户：“那就谢谢你了！”

王军："谢我什么呀，我倒是应该谢谢您呢。我这次还要请您帮忙呢，就怕您受伤了不方便。"

客户："能帮的我一定帮。什么事情？"

王军："是这样的，我们公司最近推出了一款新产品，我想请您看看，提提意见。不知道您方便不方便？"

客户："方便，带过来吧。我正愁在家闲着没事干呢。"

王军："那就谢谢您了！您先休息，到时候见吧。"

显然，王军的这笔生意应该是会成功的。这些有经验的电话销售人员，都会耐心地潜伏在目标客户身旁，尝试从不同角度接近客户，或让客户意识到产品的价值。比如，经常地发邮件，不时地问候，自然地接触、交流，告诉客户成交的成功案例，等等。如果客户还是没决定好要不要从他们那里购买产品，他们也会开玩笑地征询客户的真实想法："杨经理，我们也沟通这么久了，我真的很想知道，到底是什么原因一直阻碍我们双方公司的合作？您可以直接告诉我，我承受能力很强。"这个时候如果客户很坦白地告诉你他不与你们进行合作的原因，那问题的解决就容易多了。

潜伏不仅要与客户建立良好的关系，还要在其中挖掘客户真正的需求。销售人员一旦对客户的需求有清楚、完整的认识，并且适时拿出应对策略，就这一需求与客户达成共识，那成交就是眼前的事了。

销售人员向客户推荐产品，就是在解决客户的需求问题。如果我们没有办法帮助客户解决需求问题，那就不存在推荐产品这一行为了。如果客户需要解决吃饭的问题而你却推荐空调给客户，这显然是不能成功的。所以在潜伏过程中，要了解客户的需求。

电话销售潜伏过程中，如果注意到客户时间不方便，可以建议换个时间再谈，否则即使进行谈话，效果也不会好。电话销售有其独特之处，因为不是面对面的交谈，所以要尽可能在客户表达了需求之后，尽早地抓住机会，如果放掉了这个机会就有可能导致客户的流失。

电话销售的迂回话术

不管是电话销售还是直销，销售人员的目的当然就是要说服客户，让他们购买你的产品，但这并不是一件容易的事情。遭遇“闭门羹”是销售人员的“家常便饭”。其实在很多时候，直来直去的说话方式并不一定能够达到说服别人的效果。这就需要销售人员改变说话的方式，迂回的说法往往更容易达到销售的目的。

采用迂回话术是为了通过迂回曲折的途径和办法达到理想的销售目的，销售人员可以将这一点灵活地运用到销售过程中去，特别是在遇到客户提出产品的异议时，不要直接反驳客户，可以采用迂回战术，迂回战术往往要比直截了当更容易赢得客户。例如，应对客户“没有钱”的说法，销售人员可以不正面回应，而是绕过金钱，谈论比如产品价值等其他的事情，最终再回到金钱上，这样就很容易说服对方了。

有这样一个案例。

小何是一家机械设备公司的电话销售人员，最近，他们公司新研制出来一种设备，需要向广大新老客户推介。几天前他给自己的老客户孙经理发了一份产品资料，然后，今天打电话过去询问。

小何：“孙经理，您好！我是××机械设备公司的小何。”

客户：“哦，小何，你好！有什么事情吗？”

小何：“倒没什么具体的事情，我是想问您一下，看过我们的产品资料了吗？不知道您对我们的新产品感兴趣吗？”

客户：“其实你们公司的产品还是不错的，我们公司现在使用的就是你们的产品。但是，我们现有的设备完全能够满足目前的生产需求，所以，暂时还不需要。”

小何：“嗯，这个我能够理解。毕竟在现有设备能够满足需求的情况下引入新设备，是会浪费财力和人力的。”

客户：“对啊。”

小何：“不过，现在市场上的假冒伪劣产品很多，这对你们很不利的。”

客户：“确实，这个问题不好解决。”

小何：“孙经理，我听说你们的竞争对手××公司正在研发新产品呢，好像马上就要上市了，对此您有什么想法吗？”

客户：“这个情况我们是有所了解的，也想出了应对的方案。我们也在研制新型产品，并且加快速度，准备尽早上市。”

小何：“贵公司的应变能力确实很强。不过，以您公司现有的设备来说，要同时实现现有产品和新产品的上市，有点儿紧张吧？”

客户：“这倒是事实。如果仅仅是现有产品投放市场，那肯定是没问题的，加上新产品的话，可能就有点儿力不从心了。”

小何：“孙经理，我们和贵公司作为合作伙伴，同样感觉到了压力。如果你们生产方面有什么困难，我们肯定也不会太好过的。所以，希望贵公司能够考虑引用我们的新型设备，正好满足眼前的需要。”

客户：“要不这样吧，你后天上午10点到我办公室来吧，咱们谈论一下这个问题。对了，记得带上资料。”

小何：“好的，我一定准时到。”

这个案例中，小何就很好地运用了迂回话术，最后得以让客户转变想法。但是在使用这个方法的时候，还要注意不要自作聪明，迂回的话题一定要和你所想要推销的产品有关联，最后还是要把话题拉回来的。

有这样一个案例，每次提起来的时候都让人啼笑皆非。

客户："你好！哪位?"

电话销售人员："您好！我是××公司的员工，正在作一项调查。可以耽误您几分钟时间吗?"

客户："可以，你说吧。"

电话销售人员："请问您化妆吗?"

客户："偶尔会化淡妆。"

电话销售人员："那您经常到外地旅游吗?"

客户："偶尔会去，不过我不认为这两者之间有什么关系。"

电话销售人员："哦，我们只是想了解一下您会不会在外地买化妆品。那您是在当地旅游多些还是外地多一些?"

客户："你到底想要说什么？直说好了。"

电话销售人员："您一般假期的时候都会出门旅游吗？眼前的十一呢?"

客户："刚刚说了偶尔。我想知道你到底是干嘛的？有何贵干?"

电话销售人员："我们是一家旅游服务公司，最近和化妆品公司进行合作，推出了一种旅行优惠卡，不仅方便您的旅游，还会节省您旅游途中购买化妆品的开支。"

客户："不好意思，我暂时不需要。不过我倒认为你刚才直接说出来的效果会比现在好。"

电话销售人员："那您近期有旅游计划吗？我们可以给您提供很好的服务。"

客户："没有，谢谢！我还有事，再见。"

其实，这是一个很失败的案例，问题就出在这名销售员不懂怎么利用迂回话术，不但没起到积极作用，反而使情况一团糟。

迂回话术固然很好，但是在使用的时候一定要注意，不能离题太远，否则会让对方觉得你很不靠谱。只有接近话题的迂回，最后才能起到积极正面的作用。

电话销售中如何化解拒绝

每个人都不希望自己被别人打扰，尤其是被销售人员打扰。这对于销售人员来说是一个很大的挑战，对于电话销售人员来说尤其如此。因为，客户会一再地拒绝与电话销售人员见面，而不见面销售就很难成功。这是每一个推销员都会遇到的难题，虽然，客户的拒绝让人感到沮丧，但是，只要电话销售人员处理得当，拒绝之中同样埋藏着成功的种子。

电话销售人员的工作就是给客户打电话，而客户也会因为经常接到类似的电话，产生厌烦的情绪，说话语气也变得很不友好。“你怎么又打电话过来了”是客户经常对电话销售人员说的话，也会弄得销售人员哑口无言，不知怎么面对。作为一个销售人员，怎么面对这类的拒绝，接下来就教你几招。

“是这样啊，那太不好意思了，不如我明天再打给您吧，您明天什么时候方便？”（一般遇到这种时候，客户就会表示不要明天再打电话了，有什么事情现在就说吧。而这正是电话销售人员想要达到的效果）

“李总啊，您可真是贵人多忘事，您可能不记得了，我曾经和您在上个月25号联系过，但是您当时有事，让我下个月再打电话过来，所以我才会今天给您打电话的。”

“王经理，您别误会，我今天给您打电话没有别的意思，只是快到元旦了，打个电话祝您节日快乐，顺便送一份我们公司的新资料给您，希望您有空看一下。”

“领导没批准”“领导不在”“我不是直接负责人”等，也是客户常用的拒绝电话销售人员的借口，而应对这类的拒绝，电话销售人员应该怎么做呢？那就是找直接负责人，找到了直接负责人，就可以参照其他应对方法做出相应的对策了。

如果客户说：“我们领导还没有同意。过两天等领导同意了我再和您联系吧。”那就可以这样回答：“您为这次合作付出了这么多的心血和努力，我非常感谢您。另外，我希望您可以帮我一个忙，您能将你们领导的联系方式告诉我吗？出于双方合作的诚意和礼貌，我想我有必要问候一下你们领导。”

如果客户说：“我们领导他很忙，所以，我们合作的事情还没有批下来，等批下来了我再和您联系”。那么，就可以这样回答：“好的，非常感谢！我知道您很重视这次合作，也一直把这件事放在心上。但是，由于这个事情比较紧急，您看明天能给我一个答复吗？或者我明天再给您打电话？”

如果客户说：“我们领导不好说话，还没有同意呢。等批下来了我再跟你联系吧。”那么，这个时候可以这样回答：“这段时间为了这项合作案，真是太辛苦您了。我很乐意为您做点什么，如果方便的话，我想直接跟你们领导联系一下，希望可以帮上您的忙，您觉得怎么样呢？”

客户以“请你把资料寄过来”为理由拒绝电话销售人员也是很常有的，这个时候可以这样回答他们：“周总经理，给您寄资料也可以，但是，我们的资料都是精心设计的纲要和草案，必须有公司人员的配合说明，才有可能让客户全面了解。并且，我们要针对客户分别按个人情况再作修订，等于是量体裁衣。所以，最好是我过去亲自拜访您，给您讲解清楚。您看您哪天比较方便？周二还是周三？或者您说个时间都可以。”

客户的拒绝并不可怕，要想化解就首先要找出充足的理由，取得与客户面谈的机会，再进一步了解客户的需求，做到有的放矢，最后以“二选一”法给客户选择时间的机会，但是不管怎么选，客户都需要与你面谈，这就大大增加了成功的可能。

我们每一个人都有两种身份，既是销售人员，同时在生活中也是顾客，都有过别人给你推销产品的经历，也有过拒绝别人的经历。在销售活动中，拒绝是一种非常正常的现象。被顾客拒绝，并不意味着失败，而是说明你还没有把工作做到位。面对客户的拒绝，销售人员要根据自己以往的经验及手头掌握的信息，弄清客户拒绝的真正原因，然后，根据自己的分析和判断采取恰当的措施，动摇客户的拒绝意愿，电话销售人员要乘机跟进，使客户接纳自己的意见，从而成功化解客户的拒绝。

第十章 Chapter 10

成功的销售人员这样说服客户：成功话术

不同场合，对不同人说不同话

每个人都是社会中的一员，不同人的社会地位会有高低之分，年龄也会有差别。面对不同的人说不同的话，这是一个非常简单的道理。所以，销售人员在面对不同客户的时候，因人而异、突出个性的赞美比一般化的拍马屁能收到更好的效果。老年人总是希望别人记得他“想当年”的业绩与雄风，同其交谈时，可多称赞他引以为豪的光荣过去；对于年轻人，他的创造才能和开拓精神是你可以恭维的方面；对于经商的人，可称赞他头脑灵活、生财有道；对于知识分子，可称赞他知识渊博、心境从容……这些都是恰如其分的称赞。而如果面对一个中年妇女说她活泼可爱、单纯善良就显得不伦不类了，弄不好还会招致对方的反感。如果你对你的领导说发家有方、日进斗金，那么恐怕你要想升职就难上加难了。

销售中同样是这样，成功的销售人员都会根据不同的场合，面对不同的人，调整自己的话术。

小邢是一个非常成功的保险销售人员，问到他成功的秘诀，他就会说：分清场合，对不同人说不同的话。在他每天的工作中，都会遇到形形色色的人，来看一下他都是如何应对的。

案例一：

客户是一位公司的老总，认为自己很有钱，根本就没必要买保险。

小邢："嗯，确实是这样，如果我们有足够的钱，是没有必要买这些保险的。"

客户："我也是这样认为的。"

小邢："您的公司最近运营挺好的？我看员工们都这么干劲十足。"

客户："也就是那样吧，总有点儿大大小小的问题。"

小邢："如果不介意，是否可以说给我听听？"

客户："也就是资金方面出了点儿问题，有点儿周转不开。"

小邢："那您为什么不买保险呢？哦，您别误会，我不是向您推销保险，只是很想帮助您。"

客户："买保险能给我提供什么帮助？"

小邢："是这样的，我们这里有一种保险，是专门针对企业家而推出的，既能提供保障，又能够解决资金的问题……您觉得怎么样？"

客户："听起来确实不错，你再给我详细介绍一下。"

案例二：

客户是一位退休的老人，认为自己已经垂暮之年了，买保险没多大用处。

小邢："您的意思是说，人老了就不需要保障了吗？"

客户："那倒不是，我是说年纪大了，买保险没什么用，花的是冤枉钱。”

小邢：“您为什么会这么认为呢?”

客户：“你想想看啊，我们都这么大年纪了，每年交那么多保险费，自己却得不到什么实质性的好处，那不是花冤枉钱嘛。”

小邢：“其实您这不是在花冤枉钱，而是在为儿女们节省钱。您想想看，您要是有什么重大疾病，有了保险不是就有了保障了吗?而且有了保险，儿女们也会放心呀，他们就可以更加专心地工作。那么买保险的这几个钱，还算得了什么呢?您说是吗?”

客户：“好像有点儿道理。不过我还是觉得不值啊。”

小邢：“咱们努力工作，为的不就是生活有保障吗?那您还觉得哪儿不值呢?”

客户：“也是，那好吧，我考虑考虑。”

案例三：

客户是一位中年男子，普通白领。刚买了房子，没钱买保险。

小邢：“您刚买了房子?那恭喜您了，乔迁新居。”

客户：“呵呵，谢谢!”

小邢：“您的妻子和孩子一定很幸福，能看得出来，您很关心和照顾家人。”

客户：“过奖过奖，这都是应该做的。”

小邢：“您以后的生活肯定会一片坦途的，呵呵。”

客户：“房贷就压得喘不过气来了，再别说有什么意外发生。”

小邢：“我非常想帮助您，就怕您会认为我是为了让您买保险。”

客户：“你说说看。”

小邢：“保险，顾名思义就是给您提供保障的……所以说，您现在用一点儿钱买了保险，可以为您和您的家人提供很好的保障。我想您这么关心您的家人，希望他们过上好的生活，这些钱是值得花的。”

客户：“有点儿道理。那好吧，把你们的保险给我详细介绍一下吧，我看看有没有适合的。”

小邢之所以能够成功，就是抓住了不同人的性格特点以及他们关注的焦点。每个人都有自己的性格特征，而且这些性格特征是多年来的生活炼就成的，如果你能够抓住这一点并有效地利用，那么这笔生意就很容易成功了。

以客户的语言介绍产品

有一种技巧是优秀的销售人员都乐于运用的，那就是站在客户的立场上为客户介绍产品，为客户挖掘产品的深层价值，让客户明白产品的价值正是自己所需要的。这种技巧的优点就在于：他们总是能够有的放矢地迎合客户的需求，满足客户的心理愿望。而只有客户的需求和愿望得到了满足，销售才能成功。

要想获得客户的支持和订单，就一定要站在客户的立场上考虑问题，想客户所想，急客户所急，只有这样才能更快地达到成交目的。销售大师们之所以成功，就是因为他们会站在客户的立场上为客户着想，下面看看他们是怎么说的。

著名演说家丘吉尔说：“通常情况下，客户关心和在意的是产品有什么优势，能为自己带来什么帮助，所以每个做公司的人都应该清楚自己的产品优势以及产品能为客户创造什么。”

被誉为“世界上最伟大的推销大师”的汤姆·霍普金斯说：“客户在购买产品时会产生两个动因：一个购买动因，一个拒绝动因，客户通过权衡这两个动因的得失而作出购买决定。销售员的工作就是找到客户拒绝的原因，帮客户解决问题，把拒绝的动因转换成购买的动因，最终让客户作出购买的决定。”

有这样一个案例。

王新是一家家具公司的资深销售人员，在工作方面他做得非常出色。

客户是一位中年妇女，儿子要结婚了，帮儿子和儿媳挑选家具。

王新：“阿姨，您好！看家具吗？”

客户：“是啊，我儿子要结婚了，让我帮他们挑选。他们都忙。”

王新：“您真是一位好妈妈，您儿子和儿媳肯定特别幸福吧。请问您有什么标准吗？”

客户：“标准倒没有，只要看着安心、舒适就好。”

王新：“那您看这一套家具怎么样？看上去既美观又实用，价格还不高。”

客户：“还可以，就是颜色我怕他们不喜欢。”

王新：“他们是做什么工作的您方便说吗？或许我可以提供一点儿意见呢。”

客户：“一个在银行，一个在通信行业。”

王新：“那我觉得还是暖色系好一点儿。他们整天上班的时候都是制服，然后工作内容千篇一律，回到家看到温心的家具和色调，心情会好很多。”

客户：“是吗？”

王新：“是啊，阿姨。我想您也是想让他们有一个很惬意的生活环境吧，这样选择肯定没错的。”

客户：“那好吧，回去我问过他们要是没异议的话就在你这里买了。”

客户是一位公司的小高层，来为装修完的房子购买家具。但是决定不好要买暖色系的还是冷色系的。

王新："先生，我方便问一下您是做什么工作的吗？"

客户："哦，我是人力资源部的经理。"

王新："您真厉害，这么年轻已经是经理了。我建议您购买冷色系的家具。"

客户："哦？为什么？"

王新："人力资源工作者在我的印象中都是很忙碌的，而且工作都是很琐碎的。不知道我说的对吗？"

客户："确实不错。"

王新："那么您在工作中，心很难沉淀下来，回到家，入眼的都是冷色调，就比较容易沉淀自己的心，也可以考虑明白很多白天在公司理不出头绪的事情，您觉得呢？"

客户："好像有点儿道理啊！"

王新："那您来看一下，哪种款式是您需要的。"

王新的这两单生意之所以能够成功，就在于他懂得站在客户的立场思考问题，用客户的语言表述。一旦你顺着客户的思路思考问题，那就等于在为客户谋取利益，成功就成为自然而然的了。

所以，要想成为一名优秀的销售人员，就要永远把自己放在客户的位置上，探寻客户所有表现背后的心理，无论结果是成交还是失败。有一点需要明白，如果你是客户，你希望别人怎样对待你？你认为钱花得值不值？你需要对方怎样为你介绍产品？只有把这些问题都放在客户的立场上去想、去考虑，才能在得到答案的同时获得成功。

每一个成功的销售人员都应该试着努力去了解客户，这样不仅能创造奇迹，还能获得友谊，减少冲突和挫折。站在对方的立场为其介绍，关键时候还可以在一定程度上缓解交谈的气氛，使你的销售过程变得更加容易，你的成功也就在眼前了。

话说三分，为双方留有余地

身为社会中的一分子，无时无刻不在与人打交道，有时候说得兴起，就会不留神把话说得过分了，导致自己没有回旋余地，处于尴尬的境地。所以，不管在任何场合，为避免这样的情况出现，我们都需要注意自己的言辞和情绪，不要把话说得太满、太死或者太绝对。要知道，痛快只能是一时的，而受伤害的则可能是双方长远的关系和自己的声誉。所以，任何时候说话都要注意话留三分，不把话说绝，给双方留有余地。这一点对于销售人员来说尤其如此。

销售人员与客户沟通依靠的是语言，而此时，情绪的掌控非常关键。因为，一旦情绪控制不好，就容易出现语言失控的状况；而一旦语言失控，那么很有可能这笔生意就不能够成交了。所以，作为一个销售人员，要想成功，就必须在平时掌控好自己的情绪及语言，话说三分，为自己和对方留有余地，这样才不会在关键时刻说错话。而成功的销售人员也是这样做的。

小芳是一家化妆品公司的销售人员，一直以来都有很好的业绩和口碑。她的成功秘诀就在于：话说三分，为双方留有余地。

客户是一位年轻时尚的女士，来店里看护肤品。小芳为其进行了认真详细的介绍，还给她讲解了很多关于护肤品选购和使用方面的知识。但是这位客户最后却说："不好意思，我正在使用着其他品牌的护肤品，暂时还不需要购买。我一会儿还有点儿事，先走了。"

遇到这种情况，估计脾气再好的销售人员都会不高兴，甚至带来言语失控，比如说："你不买还到我们这里来，让我们白费口舌。"如此这般地对待客户，你说生意还能好吗？我们来看一下小芳是如何应对的。

小芳："好的，那没关系。我还得谢谢您耐心听我的讲解呢！我能知道您现在使用的护肤品是什么牌子的吗？当然，每一个品牌都有它们各自的优势，您不妨也试一下我们的产品，这里有试用装，用着好的话，请帮我们向您的家人、朋友介绍一下。"

有很多商家都挂有"谢绝还价"的提示牌，一来防止价格纠纷出现，二来为了给顾客货真价实的感觉。但是有一些顾客，不知道是没有看到提示，还是习惯使然，仍会跟导购人员砍价。这个时候，一般销售人员和成功销售人员的区别就能够显现出来了。

一般销售人员："您没看到我们挂的牌子吗？'谢绝还价'。您倒是买不买？我们的价格不能降，这是公司规定。"

这种话说出来，不但会让顾客觉得很没有面子，还会损害公司和自身形象。这就是说话不给对方留有余地。那么该如何话说三分，为双方留有余地呢？来看一下小芳是如何做的。

小芳："您是觉得价格高吗？我们产品的价格或许是有点儿高，但是相信您也知道'一分价钱一分货'吧，所以，产品的价格高说明我们的产品好啊。另外关于价格问题，可能是我们的提示牌放的位置不好，您进来的时候没看到，我们这里是谢绝还价的。不过这个价格绝对是物有所值的。您如果还是觉得高的话，我们这边有另外一种价格相对低一点儿的产品。但我觉得还是这一款比较适合您的肤质，您觉得呢？"

这样一番话既顾全了顾客的面子，又合理解释了产品价格的问题，如此有诚意地对待顾客，相信顾客会信服的。

体现一个人的宽容大度和高尚品格的方式有很多种，在与别人发生矛盾时不说狠话、绝话就是其中一种。一般情况下，无从考量人的度量大小。那些思想品格高尚的人，在与别人发生矛盾时，仍然会保持理智、宽容，避免伤害对方。这是一种真诚，也是为了避免造成伤害，影响以后的相处。

销售中也有这个道理。如果销售人员对顾客说话过分和绝对，就会伤害顾客的感情，影响以后的合作。有的销售人员遇到事情时，冲动、不计后果，认为没有以后。其结果是不仅丢掉了这一个客户，还会造成一大批潜在客户的流失。所以，优秀的销售人员都懂得话说三分，为双方留有余地。

说话学会避实就虚

所谓避实就虚，就是兵法上所说的避开敌人重兵防守的区域，转而在敌人防守薄弱环节实施攻击，从而为最后的胜利奠定坚实的基础。对于销售人员来说，在同客户的沟通方面，这一点同样适用。

但是，使用此种方法是视客户对所表述产品的兴趣程度和兴趣点而定的。如果客户对你所介绍的产品表示了浓厚的兴趣，那你就可以通过专业的知识和灵活的沟通技巧促使客户达成合作；如果客户本身对所介绍的产品不感兴趣，则应该立刻停止关于该产品话题的沟通，转向客户比较感兴趣的话题。甚至要立即停止沟通，找其他合适的机会再说。这个方法要求销售人员对客户的信息掌握得非常清楚，还要把握住客户的购买心理。

在销售过程中，销售人员经常会遇到这样一种情况，那就是不管销售人员怎么向客户解释，有些客户总是非常固执地坚持自己的意见。如果你说："我已经请示过经理了，我们的价不能再降了……"他会说："不行，你再请示一遍，或者把你们的经理找来，我直接跟他说。"你告诉他："这是最低价格。"他会说："不可能，价格还是太高。"或者你告诉他："我们的产品是同等价位中质量最好的。"他会说："怎么可能？我对这类产品很了解。"

对这类客户，销售人员不要和他们顶撞，因为他们要面子。不要企图马上说服对方，因为对于这种类型的客户，你越想说服他，他很可能越固执。所以，销售人员要想成功，就要学会避实就虚。而成功的销售人员也是这样做的。

小徐是一家装饰公司的销售人员，同时也是一名非常优秀的销售人员。他的成功秘诀就是：说话要学会避实就虚。

客户是一名公司的采购人员，对产品的质量不太关注，主要关注产品的价格。针对这一点，小徐与对方进行了针对性的沟通。

小徐："您觉得这一款产品的价格太高，是吗？"

客户："是的。相同功能的有没有价格稍便宜点儿的。"

小徐："有是有的，您也明白'一分价钱一分货'，所以相对来说就比现在看的这一款产品质量次一点儿了。"

客户："那倒没关系，主要是价格。"

小徐："那这一款挺符合您的要求的。要多少呢？您公司派人来取还是我们给您送过去呢？"

客户："这样吧，明天我们自己来取。"

小徐："好的，您请这边交押金。"

在面对这位客人的时候，小徐的处理是非常得当的。很显然，这位客户的关注点就在于价格，而不是产品质量。所以，如果客户已表露出明显的意向，销售人员还在喋喋不休地说自己的产品如何物有所值，不仅无济于事，还会招致对方的反感。

另外一名客户是一位男士，家里刚买了房子，想要好好装修一番。这位客户对产品的关注主要在产品质量方面，价格在其次。

小徐："先生，如果我没理解错的话，您是说质量要最好的，价格在其次，是吗？"

客户："主要是想要性价比高的，当然价格也是一方面因素。"

小徐："那这一款产品非常适合您。质量方面是绝对可以放心的，另外这一款产品的价格是同等质量当中最便宜的，正符合您的要求。"

客户："既然质量一样，那为什么价格低呢？会不会是质量方面有问题？"

小徐："价格稍低的原因是刚上市，需要薄利多销来打开市场。质量方面您可以放心，绝对没问题。"

客户："那行，就这一款吧。"

面对不同的客户，面对他们不同的关注点，销售人员要做到避实就虚，迂回应对，耐心、细致地倾听客户的心声，了解他们的真正需求，并在适当的时候向对方表达你的认同。这样一来，客户就自然产生了"也应该听听对方的意见"的反思，接下来销售人员再进行有针对性的工作就会比直接反驳来得有效。

卖出一份关爱

如果从事销售，就会遇到各种各样、形形色色的人。而面对每一个人，销售人员都希望销售能够成功，这一点是很难做到的。如果问成功的销售人员是如何做到如此成就的，他们就会告诉你：关怀。

销售不仅是在向客户推销一种产品，同时也是销售一种关怀。销售人员销售给客户的产品，必定是客户需要的，那么就是一种关怀。不妨来看一下这个案例。

小杨是一名保险销售人员。一次，一个客户对他说："我最讨厌保险了，不吉利。你就不用向我推销了，我不需要。"

小杨："你说得很对，保险确实很让人讨厌，就像厕所一样，臭烘烘的。”

客户一听这话，饶有兴致地说：“这种说法我还是第一次听到。”

小杨接着说：“推销保险的销售人员，一开口就是生、老、病、死、残，多讨厌，就像厕所一样不招人待见，让人听都不想听。”

客户：“对，对，就是这样。”

小杨继续说：“咱们没事的时候是不会想起厕所的，不过，内急的时候可就知道厕所的用处了。保险同样是这样，就是在你最需要的时候才真正显现它的优势，所以我才会说，保险像厕所。”

客户：“有道理。”

小杨：“内急的时候，你需要厕所，那么财务紧急的时候你需要钱吗?”

客户：“当然。”

小杨：“那么，您不介意我跟您谈谈保险这个‘厕所’是如何解决财务内急的吧?”

同样是一句话，效果的好坏自然取决于说话的方式，说出来的话让对方愿意听，让对方听着舒服，那效果自然会好。而关怀的语言，估计没有人会拒绝的。

教育培训行业是对各个阶段的学生提供各科的课程辅导，近年来发展势头迅猛。相应地，这类培训学校也越来越多，那么销售人员如何在竞争激烈的大环境下卖出自己的课程呢？其实很简单，仍然是关怀。

小李是培训学校的一名成功的销售人员，她在向学生家长推销课程的时候，通常都会使用以下这些话术。

“王阿姨，您的心情我理解。做父母的都想给自己的孩子提供好的生活和学习环境，希望他们能够考上一所好大学，以后生活得更好。这个我是有体会的，毕竟我们也是从那时候走过来的，所以非常理解你们的心情。其实，学习需要的是一个氛围，而我们这里的学习氛围相当好，相信您的孩子会在这里学到很多东西，也不枉您为他操了那么多的心。”

“孙阿姨，您对孩子可真好，为他想得如此周到，真是可怜天下父母心呐，我很感动。您看，我们这里的课程是这样设计的……这样的话，在充分利用他课余时间的同时，还不耽误他的休息，您觉得怎么样?”

“周叔叔，我们这个课程的设计主要是在学习的同时调整学生的学习状态，以便能够让他们拥有一个更好的学习心态。您这么关心、了解孩子的学习，很令我感动。您觉得这套课程怎样？什么时候让孩子来上课呢?”

这几种话术中，都透露出销售人员对客户以及客户孩子的关心，还捎带夸赞了客户。人人都喜欢被别人赞美，对于父母来说夸赞他们对自己孩子的关心，更胜于夸赞他们自己。所以，适当地夸赞客户，既可以愉悦对方，也愉悦了自己，因为，好的心情，好的氛围，利于业务的开展。

其实，销售就是销售一份信念，一份关心。不光是教育培训行业，其他行业也是如此：装饰材料行业、保险行业，销售员需要关注的主线是客户对自身及家人健康的关心；家具行业需要关注的主线是提升客户的生活质量；服装行业需要关注的主线是客户对自身形象的关心；而公司的业务需要关注的主线是对企业利润的提升。总之，各个行业的销售可以针对人们对不同事物的关注而展开，其中，对客户多一份热情，多一份关怀，成功率就会大大提高。

坚持自己的原则

成功的销售人员不但需要熟练掌握各种话术，还需要坚持原则。拥有自己的原则，不但做事可以有条不紊，还能得到别人的尊重，潜移默化地提升个人的魅力和业绩。

小陈是一位非常出色的销售人员，除了熟练掌握各种销售话术之外，坚持原则也是助他成功的重要因素。不论面对什么样的客户，他都会坚持自己的原则，久而久之，形成了自己的独特风格，拥有了自己的人格魅力和客户群。

一天，他去见一位客户，对方对他所介绍的产品很满意，最后谈到价格问题。

客户："这个产品我倒是很喜欢，就是价格有点儿高。"

小陈："价格和价值都是对等的，相信这个道理您也知道。"

客户："那你们肯定也有利润吧。"

小陈："那当然，我们总不可能赔本吧。"

客户："那就还有余地嘛，再便宜点儿我们就用你们的产品了。"

小陈："真的不能再便宜了。"

客户："要是不能便宜我们就不买了，你看着办吧。"

小陈："您不买没关系，问题是我们真的不能再便宜了，我们的产品都是用特殊材料制作的，质量方面您可以绝对放心。既然这样，那我们以后有机会再合作吧。您可以记一下我的联系方式……"

说完这些话小陈就开始往外走。

"哎，等等，就按你说的那个价吧，给我来一批货。"客户及时叫住了小陈，最终还是买下了小陈的产品。

小陈坚持了自己的原则，最终获得了订单。试想一下，如果小陈没有坚持原则，而是给客户降了价，那么，客户会认为还有降价的空间，会继续砍价。事情的最终结果是，要么因价格最终谈不拢，导致无疾而终，要么低价成交，导致公司和自身的利益受损。

俗话说"顾客是上帝"，但是销售人员也不是"乞丐"。所以，除了坚持原则，还要维护自身的尊严。一味地顺从顾客是一种自杀式的销售行为，这样的事业做不长久。而且，对客户一味地迁就，会让客户觉得你没有原则。虽然客户就是上帝，你也要坚持应该坚持的，这种特有的人格魅力会帮助你征服客户的心。